探路
智慧老龄社会

之江实验室 / 编著

中国科学技术出版社
·北 京·

图书在版编目（CIP）数据

探路智慧老龄社会 / 之江实验室编著 . -- 北京：中国科学技术出版社，2022.9
ISBN 978-7-5046-9727-1

Ⅰ.①探… Ⅱ.①之… Ⅲ.①人口老龄化－研究 Ⅳ.① C913.6

中国版本图书馆 CIP 数据核字（2022）第 134211 号

策划编辑	申永刚　王　浩	
责任编辑	申永刚	
封面设计	马筱琨	
版式设计	锋尚设计	
责任校对	邓雪梅	
责任印制	李晓霖	

出　　版	中国科学技术出版社
发　　行	中国科学技术出版社有限公司发行部
地　　址	北京市海淀区中关村南大街 16 号
邮　　编	100081
发行电话	010-62173865
传　　真	010-62173081
网　　址	http://www.cspbooks.com.cn

开　　本	710mm×1000mm　1/16
字　　数	208 千字
印　　张	18
版　　次	2022 年 9 月第 1 版
印　　次	2022 年 9 月第 1 次印刷
印　　刷	北京盛通印刷股份有限公司
书　　号	ISBN 978-7-5046-9727-1/C・209
定　　价	99.00 元

（凡购买本社图书，如有缺页、倒页、脱页者，本社发行部负责调换）

EDITORIAL BOARD

编委会

组　长：张兴文　董　波
副组长：葛　俊　单沁彤　黄成凤　吕明杰　陈宇轩
编写组：高金莎　许　琼　陈丹丹　钱　攀

序言
INTRODUCTION

我很高兴接受本书编写组的邀请，对探路智慧老龄社会谈谈看法，为本书作序。我觉得，之江实验室作为一个推动科技创新和国家发展的新型研发机构，实际上正是在为未来的智慧社会，为未来的数字化的时代、更加智能的时代开展科技创新的探索，提供知识研究的先导。

未来世界将进入数字化的时代，进入更加智能的时代。这不仅需要对智能感知、大数据分析、智能计算、智能网络、智能系统和人工智能等开展研究，实现技术的进步，未来更加智能和更加现代化的社会，也要求经济产业形态和社会生活形态的重构。

在这个意义上看，考虑到我国正进入老龄社会，那么未来的社会生活形态，从人口的角度来看，就是需要构建智慧老龄社会，这构成了发展的方向。因此，本书无疑是具有前瞻性的，探索了中国社会和全球老龄化问题的未来前景。

这本书的内容非常系统，从智慧老龄社会的趋势，智慧老龄社会对社会经济发展所带来的机遇，智慧老龄社会发展过程中数字鸿沟的挑战，以及迈向数字包容的智慧老龄社会的行动这四个角度开展分析。研究视野宏大，内容丰富，是一本富有战略性的、关于智慧老龄社会整体构想的研究著作。相信本书对实施积极应对人口老龄化国家战略，理解科技进步对老龄社会生活样态的影响和构建具有指导意义。

智慧老龄社会是未来发展的方向，以此为方向的努力构成了不断探索的过程。在当前时期，智慧老龄社会已经表现出初步的形态，我们可以将其称为"智慧养老"，目前有"智慧养老1.0"和"智慧养老2.0"两个阶段。"智慧养老1.0"，表现为通过信息化满足老年人的各种生活需求，例如在线购物、智慧出行等。而"智慧养老2.0"，则表现为通过更加完善的养老服务管理系统来整合资源，提高老年人服务资源配置和服务供给的效率。智慧老龄社会还在继续进步，不断扩展更加智能化的养老，开始进入"智慧养老3.0"的阶段，即通过大数据的积累和数据挖掘、加强机器学习，自动实现生活需求和供给体系的匹配和优化，提供个性化、精准化的服务。正如亚马逊可以根据人们的购物消费来判断人们的个性兴趣和引导需求一样，未来的智慧老龄社会也会基于大数据，通过不断提升的算法分析用户画像和提供精准服务，包括优化人的活动和生活方式等。各种技术创新和应用会使智慧老龄社会达到越来越高的水平。

智慧老龄社会在不断发展演进，我们还处在这个发展过程的初期。我们对智慧老龄社会的未来仍然是未知的，但是面向未来世界的帷幕一角已经被揭开，使我们得以窥见人类未来富有生命力的前景。这种富有生命力的前景也使我们进一步认识到，人口老龄化并不意味着可悲的未来。人类社会人口结构不断老龄化的过程，可能伴随着老年人生活水平和整个社会民生福祉水平的增进。我们也有理由相信，科技进步和社会经济制度体系的不断调整，在未来持续不断的人口老龄化过程中，会塑造出智慧老龄社会的社会形态，也继续会使包括老年群体在内的所有社会成员的生活福祉得到增进。这一点恰恰是我们从事科学研究和社会科学研究的目的之一，即通过知识研究来增进人民福祉。

智慧老龄社会的不断探索和演进，需要持续不断的行动和实践。行动和实践并不是在实验室中完成的。在实验室的创新研发和未来社会经济生活重构的过程中，需要一系列知识应用和实践基地。我们已经看到，当前全国有成百上千家关于智慧养老的实践基地，有一些是产业项目，有一些是社会事业项目，这些具体实践，构成了智慧老龄社会的"中转站"。

因此，我们有必要对我国各地智慧老龄社会建设中各种实践基地和应用项目开展研究，例如一些智慧养老社区的项目、虚拟养老院的项目等，通过总结其经验和解决其面临的困难，将智慧老龄社会建设的相关知识扩散到整个社会。这些实践基地的知识应用和知识扩散，将对构建智慧老龄社会发挥积极作用。而且，研究探索和应用实践构成相互支持的循环，智慧老龄社会的具体实践也提供数据、提出问题和需求，会带来知识研发的进一步深化。

在智慧老龄社会的道路探索和逐步实现的过程中，进一步凸显出智能社会发展相关知识研究的重要性。智能社会和智慧老龄社会建设所需要的知识，包括信息技术、数据科学、智能技术等专业技术。我想，这些研究需求进一步凸显了之江实验室开展综合性交叉研究的必要性和价值，要求智能社会治理的研究者具有更加综合的研究能力和交叉性的知识素养。例如，我们研究智慧老龄社会，不仅需要了解人口和社会发展、人口和经济发展的知识，也需要了解计算机科学和数据科学的知识，还需要了解制度建设和治理实践。

智慧老龄社会是一个不断发展演进的过程，在这个社会经济形态发展演进的过程中，需要深入推动数据科学的发展，研究人工智能和智能科技，需要思考科学技术和未来社会相互构造的关系。而这样的知识生产和社会建构，本身也带来巨大的产业机会，并要求整个社会经济体系的巨大变革。智慧老龄社会将在探索中逐步形成，对此需要相应的科技创新和应用研发，需要通过实践基地的知识应用和知识扩散，不断丰富智慧老龄社会的实践探索。

因此，本书不仅是对构建智慧老龄社会的破题工作，同时也是一个动员工作，揭示在老龄化和科技进步不断发展的过程中，其社会经济形态所具有的充满生命力的未来远景及相应挑战。对于智慧老龄社会逐步发展演化的知识探索和应用研究，需要包括国内有共同学术志向的科学工作者、知识学人和社会实践者的共同努力，我们的研究工作也正因此能够和社会发展的潮流紧密结合。

因此，我很高兴为本书作序，希望更多的有识之士开展相关研究和知识交流。

复旦大学社会发展与公共政策学院教授、博士生导师

任远

前言

随着新冠肺炎疫情防控工作的开展，健康码、预约就医、远程办公、数字配送、在线教育等应用迅速普及，展现了近年来我国数字经济、智慧城市、智慧社会等领域的发展基础和建设成效。客观上，这些应用也加速了智慧社会相关领域的发展。而随着"94岁老人被抱起做人脸识别""老人因无法使用健康码被公交车司机拒载""老人独自冒雨交医保被拒收现金"等相关事件的发生，数字鸿沟问题引起政府、媒体和社会各界的广泛关注。可见，老年人在使用智能技术方面存在诸多困难，而智慧社会建设必须直面人口老龄化带来的挑战，探寻更具包容性的建设路径。

社会生活的数字化变革在短时间内几乎以不可阻挡的方式影响了老年人的日常生活。面对老年人数字鸿沟，如何增强技术变革的包容性，提升智慧社会的"温度"，让老年人能够共享智能时代的红利，成为当前社会关注和思考的重要议题。

一、"数字化 + 老龄化"：智慧老龄社会到来

当前，以数字化、智能化为特征的技术革命正在全面改变人类社会，智慧社会建设已成为我国面向未来的重要发展任务。新冠肺炎疫情的暴发，显著加速了智慧社会建设的进程。而同时，我国人口形势也加速变化，2021年底，我国65岁及以上老年人口数量达20056万人，首次突破2亿，占比首次突破14%，标志着我国人口–社会变迁已发展到深度老龄化阶段。

数字化、老龄化两大历史性趋势的融合，让智慧社会建设和老龄社会治理耦合在一起，互相影响，协同推进。为更好地分析和理解智慧社会建设和老龄社会治理的耦合关系，本书提出"智慧老龄社会"这一概念。

智慧老龄社会是在一个高度老龄化的社会中实现高度智慧化，同时在快速智慧化的社会中积极应对老龄化的社会。其发展状态为技术–社会耦合发展，发展过程包括科技创新应用、经济产业发展、社会生活形态变化和社会制度构建等。

老龄化是智慧社会发展的社会结构背景。数字化发展要"见人"，这个"人"，是"每一个人"。但从当前的实际来看，数字化发展在不同人群中是不平衡的。如果没有正确的理念引导，没有合理的机制保证，智慧社会的建设和发展无法平等地惠及每一个人。数字时代可能意味着更为显著的"鸿沟"。智慧社会建设背景下的社会平等和弱势群体保护由此成为一个不可忽视的重要议题。

数字化是老龄社会发展的技术变革力量。老龄化治理要"借力"，

其中的重要外力，包括数字化理念、技术和应用。智慧社会的发展能够提高老龄社会的运行质量，数字经济是其经济发展的新动能，数字驱动的公共服务体系、公共治理体系，不仅能提高老年人生活需求和福祉，还能在此过程中创造出巨大的经济社会发展空间❶。面向未来，与老年人相伴的智能终端的类型和数量将急剧增长，老年人的生活模式可能会发生较大变化；同时，人工智能等技术的广泛应用，将大大提升社会生产的效率，使得老龄社会总产出持续增长，从而改变社会供养关系，社会的总体福祉持续扩大。

智慧化和老龄化是耦合发展的。技术与社会的耦合发展，在于二者相互促进与协同发展，进而呈现为二者的一体化进步。总体而言，我们相信智慧老龄社会的发展与治理，将从数字技术与社会发展的互动中受益，在数字化与老龄化的互动中共同进步。但这一过程并不会自动到来。我们还必须正视数字化与老龄化耦合发展带来的一系列问题，老年人数字鸿沟便是其中之一。因此，建设智慧老龄社会需要社会治理层面上的综合建设，需要充分发挥市场驱动、社会建设和政府主导的共同作用❷。智慧化发展要能为积极应对人口老龄化带来便利，老龄社会建设应该充分利用智能化技术。

老年人不同的年龄阶段、健康状况、受教育水平、职业生涯、收入水平、家庭状况等，最终呈现的老年状态天差地别。在智慧老龄社会中，老年人是数字变革的参与者，数字福祉的受益者，也可能是数

---

❶ 任远. 数字鸿沟和智慧老龄社会［J］. 金融博览，2021（06）：34-35.
❷ 任远. 拥抱科技进步，建设智慧老龄社会［EB/OL］.（2021-09-06）[2022-03-04].
https://m.gmw.cn/baijia/2021-09/06/35141965.html.

字社会的边缘群体，其面临着"融入"与"排斥"交叠的复杂图景。如何最大可能地弥合老年人数字鸿沟，让他们享受到数字红利，让社会实现包容发展，是智慧老龄社会建设的核心议题。

二、老年人数字福祉：智慧老龄社会的重要机遇

继德国提出"工业4.0"概念后，日本于2016年提出"社会5.0"概念，力图通过网络空间与物理空间高度融合，最大限度地利用信息技术解决社会问题、创造社会价值，给人类带来富裕的"超智能社会"。其中一个重要背景是，深度老龄化的发展给日本的家庭结构、劳动力市场、企业经营、阶层差异、城市发展等社会子系统带来了深刻影响。寻求应对少子老龄社会问题的解决方案，恰是日本"社会5.0"的重要目标之一。

数字技术发展和智慧社会建设为应对老龄社会问题提供重要机遇。互联网普及、适老科技创新、数字经济发展、数字治理提升等，为老年人福祉提升带来数字红利。

经济可持续增长的机遇。 经济能否实现可持续增长往往被认为是老龄社会的关键挑战之一。当前，以数字产业化、产业数字化、数字化治理和数据价值化"四化"为特征的数字经济发展框架，正加快推动经济社会发展的全面系统变革，数字经济已经成为全球和我国经济发展的关键动力之一。中国信息通信研究院数据显示，2020年，全球47个国家的数字经济规模合计达到32.6万亿美元，占国内生产总值比

重达43.7%，增速为3.0%❶。而中国数字经济规模为39.2万亿元，占国内生产总值比重达38.6%，增速高达9.7%❷。

社会治理能力增强的机遇。数字技术的创新应用，正加快推动社会治理的数字化转型。随着数字经济、数字政府、数字社会等领域的建设和发展，社会治理正面临系统性的重塑和变革，各级政府部门可以借助信息化、智能化手段，推动需求感知精细化、服务供给精准化、社会治理精细化、政府决策科学化，从而为老龄社会治理水平和治理能力现代化带来广泛的机遇。

老年人福祉提升的机遇。作为重要的社会群体，生活于数字化、智能化时代的老年人，将享受到比以往任何时代都要丰富多样、便捷高效的公共服务。从网络社交媒体、线上购物、数字文娱、智能出行等普遍性智慧生活服务，到智慧政务、智慧教育、智慧医疗等一般性智慧公共服务，再到智慧养老、智慧助老、智慧孝老等针对性智慧老龄服务，当代及未来的老年人，将享受到前所未有的全面发展机遇，从而大大提升生命福祉。

---

❶ 中国信息通信研究院．全球数字经济白皮书——疫情冲击下的复苏新曙光［R/OL］．（2021-09-13）［2022-03-04］．http://www.caict.ac.cn/kxyj/qwfb/bps/202108/P020210913403798893557.pdf．

❷ 中国信息通信研究院．中国数字经济发展白皮书［R/OL］．（2021-04-27）［2022-03-04］．http://www.caict.ac.cn/kxyj/qwfb/bps/202104/P020210424737615413306.pdf．

三、老年人数字鸿沟：智慧老龄社会的重要挑战

在不同的时代和社会背景下，数字鸿沟带给老年人的影响是不同的。

20世纪90年代以来，随着信息和通信技术的发展，以互联网、智能手机等为典型代表的技术应用日益深入。社会成员正逐渐数字化为"数字人"或"数字公民"，社会成员的数字化能力成为进入数字世界的重要"通行证"。总体而言，老年人一直处在网络世界和数字世界的边缘，大部分老年人还是非网民，延续着传统的生活方式。但随着数字化变革的快速推进，尤其是新冠肺炎疫情的暴发，一下子将老年人拉入了数字化、智能化的世界。

对此，治理的挑战是显而易见的：

一是社会形态变迁的深刻背景。老龄社会和智慧社会分别从人口结构驱动的社会变迁和技术驱动的社会变迁等角度，描绘了人类未来发展的前景，分别从不同的侧面描绘了人类社会新形态，并加快取得共识。在人类社会形态变迁的深刻背景下，智慧老龄社会正在成为当前社会和可预见未来的时代符号。任何社会转型都具有进步意义，但进步的同时也会带来诸多风险和挑战。新的社会形态意味着深刻的变革，意味着工业社会形成的思想观念、思维方式、社会结构、社会运行方式等都在变化，甚至变得令人不适应，这一变革必将带来对应的一系列调整措施。

二是个体、技术与社会的协调问题。当今社会已经是一个知识社会或者技术社会。从个体的角度看，生存于其中的每个人都面临着巨

大的挑战，个人必须不断改变自己以适应技术的发展与创新应用、社会的效率提升和运行方式变革。如果知识或技能缺失，可能就会令人陷入一种尴尬的处境，即"他人都拥有绿洲，而自己却被围困于一片沙漠之中，无助与激愤的情绪是难以挥之即去的"。[1]面对数字化浪潮，有些老年人能够积极适应，但可能更多的老年人难以享受到信息和通信技术发展带来的红利，甚至沦为"数字难民"，被排斥在数字化生活之外。我们必须思考，政府、社会、组织、个人应该作出怎样的努力，才能确保以老年人为代表的弱势人群在变革中有效融入，避免在发展中"落伍"。

三是多重影响因素复杂交织。综合而言，来自个人、社群、社会、科技与产业等不同层面的多重因素，都对老年人数字鸿沟的形成和发展构成影响，诸如老年人的身体机能水平、受教育程度、心理意识、经济能力、家庭状况，以及社区支持系统、信息基础设施普及程度、技术应用适老化程度、适老化智能终端产品供给情况等。而以上因素相互之间存在诸多矛盾和问题，成为不同老年人陷入数字鸿沟的具体原因。例如，智能技术创新应用对老年人的传统认知和生活方式带来冲击，导致老年人难以接受；数字经济行业和从业人员适老化动力不强、意识缺乏，使得适老化创新不足，产品和应用不符合老年人使用特点；新智能技术产品或服务学习使用难度与老年人学习能力之间存在鸿沟等[2]。

---

[1] 李春花. 技术与社会问题研究 [M]. 沈阳：辽宁师范大学出版社，2005：222.
[2] 黄立鹤，孙莉敏，杨晶晶. 加快构建老年友好型智慧社会 [EB/OL]. （2021-04-06）[2021-11-19]. http://m.cssn.cn/zx/zx_bwyc/202104/t20210406_5324053.htm.

四是社会治理转型准备不足。面对新的时代到来，我们的认知往往滞后于实践，而认知往往是变革的前提。一方面，老龄社会治理转型仍在路上。在人口快速、大规模老龄化的进程中，全国老龄化治理取得了积极的成效。但总体而言，全社会对老龄化认知的科学性、精深度有待提高，政府、市场、社会多主体协同共治机制尚未形成，涉老风险的治理能力难以适应未来老龄化的深度发展等；另一方面，智慧社会已成为社会建设的重要方向，但是其思考的维度、探索的方向，仍需进一步完善。

四、数字包容：智慧老龄社会的发展方向

数字包容的概念因数字鸿沟而产生，其在关注技术的获取、使用之外，更关心使用技术带来的效果；强调社会参与、对弱势群体的关注、突破社会壁垒、消减数字鸿沟[1]。联合国可持续发展目标（SDGs），作为人类社会共同愿景，已将数字包容、赋权、平等的原则以及"不让任何一个人掉队"的目标置于核心位置。

2020年11月，《国务院办公厅印发关于切实解决老年人运用智能技术困难实施方案的通知》，指出"坚持以人民为中心的发展思想，满足人民日益增长的美好生活需要，持续推动充分兼顾老年人需要的智

---

[1] 闫慧，张鑫灿，殷宪斌. 数字包容研究进展：内涵、影响因素与公共政策[J]. 图书与情报，2018（3）：80-90.

慧社会建设，坚持传统服务方式与智能化服务创新并行，切实解决老年人在运用智能技术方面遇到的困难"，还提出"到2022年底前，老年人享受智能化服务水平显著提升、便捷性不断提高，线上线下服务更加高效协同，解决老年人面临的'数字鸿沟'问题的长效机制基本建立"。

梳理我国相关政策文件，可以发现，这一方案是国家层面首次以专门政策文件的形式，重点关注并切实解决老年群体"数字鸿沟"问题。一方面，全面梳理了老年人在运用数字化技术中遇到的困难，聚焦了老年人出行、就医、消费、文娱、办事等高频事项和服务场景，快速启动了老年人数字鸿沟问题的应急性处置措施；另一方面，也为未来充分兼顾老年人需要的智慧社会建设明确了方向、制定了规范。可以说，其对我国智慧社会建设和老龄社会发展，具有里程碑式意义。

而所谓"里程碑"，仅是说明这一方案在老年人数字鸿沟治理征程中的重要节点性地位，甚至仅是起点意义上的。

构思和编著本书的意图，正是站在这一里程碑节点，面向智慧社会建设目标、面向积极应对人口老龄化战略，聚焦老年人数字鸿沟治理难题，从人口社会形态、技术社会形态变迁的社会背景与趋势出发，考察人口老龄化和技术数字化大潮下的个人（尤其是老年人）、治理者等社会主体，数字化、智能化、智慧化等技术趋势，以及社会形态变迁下的治理转型等相互关系，以探寻通往数字包容的智慧老龄社会的发展方向和治理路径。

目录

趋势篇
智慧老龄社会到来

第一章　智慧社会：数字技术全面融入社会生活 / 2

一、智慧社会发展的内涵与特征 / 2

（一）智慧社会的发展内涵 / 2

（二）智慧社会的发展特征 / 5

二、智慧社会发展的历程与趋势 / 6

（一）数字技术发展创新融合 / 6

（二）数字技术应用快速普及 / 10

（三）数字技术影响深远广泛 / 12

三、智慧社会发展的核心挑战 / 13

（一）数据要素如何持续有效驱动社会生产力发展的挑战 / 13

（二）传统社会体系如何快速适应智能技术渗透与变革的挑战 / 15

（三）社会价值体系如何有效规范智能科技创新与应用的挑战 / 16

四、小结 / 17

第二章 老龄社会：人口老龄化的社会形态转型 / 18

一、老龄社会的内涵与特征 / 18

（一）老龄社会的内涵 / 18

（二）老龄社会的理想架构与运行特征 / 22

二、中国老龄社会发展阶段与趋势 / 24

三、中国老龄社会转型治理的问题挑战 / 27

（一）治理对象认识不清 / 27

（二）治理理念更新滞后 / 28

（三）治理基础起点较低 / 29

（四）治理方式创新不足 / 31

四、中国老龄社会治理的战略与行动方向 / 31

（一）树立一个理念 / 31

（二）坚持一个战略 / 32

（三）加快三个转向 / 33

（四）把握五个着力 / 34

　五、小结 / 36

第三章 3 智慧老龄社会：数字化与老龄化的社会未来 / 37

　一、未来趋势：智慧老龄社会的技术应用 / 37

　二、现实图景：老年人数字化生存状态异质分化 / 40

　　（一）老年群体的异质性 / 40

　　（二）老年人数字生存状态的分化 / 41

　三、治理选择：构建老年人数字包容的基本框架 / 44

　　（一）数字包容的理念 / 44

　　（二）建设数字包容的智慧老龄社会的重要意义 / 46

　　（三）老年人数字包容的基本框架 / 50

　四、小结 / 52

机遇篇

老年人数字福祉提升

第四章 4 老年人乐享智慧生活服务 / 56

　一、社交媒体 / 56

　　（一）社交媒体发展 / 56

（二）老年人参与现状 / 58

　　（三）社交媒体对老年人的影响 / 59

二、线上购物 / 61

　　（一）线上购物发展现状 / 62

　　（二）老年人参与现状 / 63

　　（三）线上购物对老年人的影响 / 64

三、数字文娱 / 65

　　（一）数字文娱发展 / 65

　　（二）老年人参与现状 / 67

　　（三）数字文娱对老年人的影响 / 68

四、智能出行 / 69

　　（一）智能出行发展 / 70

　　（二）老年人参与现状 / 71

　　（三）智能出行对老年人的影响 / 72

五、小结 / 73

第五章 老年人乐享智慧公共服务 / 74

一、老年人与智慧政务 / 74

　　（一）智慧政务发展 / 74

　　（二）老年人智慧政务参与 / 76

　　（三）智慧政务对老年人的影响 / 77

二、老年人与智慧教育 / 78

　　（一）智慧教育发展 / 78

（二）老年人智慧教育参与 / 79

（三）智慧教育对老年人的影响 / 80

三、老年人与智慧健康 / 82

（一）智慧健康发展 / 82

（二）老年人智慧健康参与 / 84

（三）智慧健康对老年人的影响 / 85

四、小结 / 86

第六章 老年人乐享智慧老龄服务 / 87

一、智慧养老 / 88

（一）智能养老机器人 / 88

（二）智慧养老院 / 90

（三）智慧社区养老环境 / 92

二、智慧助老 / 94

（一）智能家居与环境控制辅具 / 94

（二）智能康复辅具 / 96

（三）智慧社会支持 / 97

三、智慧孝老 / 99

（一）远程监护 / 99

（二）虚拟社区 / 101

四、智慧用老 / 103

（一）家人支持 / 103

（二）老年人就业 / 104

五、小结 / 106

挑战篇

老年人数字鸿沟待解

第七章 老年人数字鸿沟的表现 / 108

一、数字接入鸿沟 / 108

（一）基本定义 / 108

（二）主要表现 / 110

二、使用技能鸿沟 / 112

（一）基本定义 / 112

（二）主要表现 / 113

三、使用效能鸿沟 / 118

（一）基本定义 / 118

（二）主要表现 / 118

四、小结 / 125

第八章 老年人数字鸿沟的影响因素与后果 / 126

一、影响因素 / 126

（一）个人因素 / 127

（二）社交因素 / 129

（三）社会因素 / 129

（四）科技与产业因素 / 130

二、老年人数字鸿沟的不良后果 / 132

（一）个体层面：物质精神的侵损 / 133

（二）经济层面：经济不平等的扩大 / 136

（三）社会层面：社会分化的加剧 / 137

（四）政治层面：公共参与的弱化 / 139

三、小结 / 139

第九章 老年人数字鸿沟治理的问题和挑战 / 141

一、老年人数字鸿沟治理存在的问题 / 141

（一）缺乏明确、具体的理念指导 / 142

（二）相关公共政策尚未建立长效机制 / 142

（三）社会整合行动不足 / 143

二、老年人数字鸿沟治理面临的挑战 / 144

（一）供需市场规律带来的挑战 / 144

（二）家庭代际结构变化带来的挑战 / 148

（三）生命历程规律带来的挑战 / 150

三、小结 / 152

行动篇

迈向数字包容的智慧老龄社会

第十章 10 国际、国内跨越数字鸿沟的理念与行动倡导 / 154

一、国际理念与行动倡导 / 154

（一）联合国：以老年数字包容可持续发展理念为引领 / 154

（二）世界银行：以价值、信任和公平原则为基础 / 159

（三）经济合作与发展组织：以数字战略为核心 / 160

（四）世界卫生组织：以弥合数字鸿沟和发展知识社会为突破 / 161

（五）国际电信联盟：以衡量数字化发展为基础 / 162

二、国内理念与战略安排 / 163

（一）适老化建设系列部署：推进适老化基础设施建设 / 163

（二）适老化建设系列部署：扩大适老产品和服务供给 / 166

（三）适老化建设系列部署：突破老年人技术使用困难 / 172

（四）适老化建设系列部署：加快老年人数字素养培养 / 173

（五）适老化建设系列部署：保障老年人群体共享数字红利 / 177

三、小结 / 179

第十一章 国内老年人数字鸿沟治理实践 / 181

一、政府治理 / 181

（一）政策先行引领顶层制度建设 / 181

（二）数字基建营造数字接入环境 / 185

（三）公共服务改造降低数字使用门槛 / 187

（四）案例和试点并进引领示范 / 189

二、企业行动 / 191

（一）以人民为中心的数字技术应用 / 191

（二）老龄友好的市场供给机制 / 192

（三）稳固可靠的数字安全保障 / 195

三、社会支持 / 196

（一）数字教育培训支持 / 196

（二）家庭代际反哺支持 / 198

（三）社区数字服务支持 / 199

（四）公益志愿帮扶支持 / 201

四、科技创新 / 202

（一）迎合老龄需求的科技创新 / 202

（二）智能简化的科技创新 / 204

五、小结 / 204

第十二章 国际老年人数字鸿沟治理实践 / 206

一、美国数字鸿沟治理实践 / 206

（一）美国数字鸿沟治理背景 / 206

（二）美国相关治理经验做法 / 211

　二、欧盟数字鸿沟治理实践 / 212
　　（一）欧盟数字鸿沟治理背景 / 212
　　（二）欧盟相关治理经验做法 / 216

　三、日本数字鸿沟治理实践 / 217
　　（一）日本数字鸿沟治理背景 / 217
　　（二）日本相关治理经验做法 / 221

　四、韩国数字鸿沟治理实践 / 225
　　（一）韩国数字鸿沟治理背景 / 225
　　（二）韩国相关治理经验做法 / 228

　五、新加坡数字鸿沟治理实践 / 229
　　（一）新加坡数字鸿沟治理背景 / 229
　　（二）新加坡相关治理经验做法 / 232

六、经验借鉴 / 233

七、小结 / 235

第十三章 智慧老龄社会的包容性治理 / 237

一、基本思路 / 237
　　（一）治理核心：立足以人民为中心 / 238
　　（二）治理理念：推动数字包容 / 239
　　（三）治理原则：平衡效率效益 / 239
　　（四）治理目标：实现公平发展 / 240

二、治理体系 / 241

（一）多元共治，全民参与 / 241

（二）围绕需求，双线结合 / 243

（三）整体智治，创新驱动 / 244

（四）整合资源，协同发展 / 245

（五）强化保障，完善法治 / 245

三、行动建议 / 246

（一）推进数字基础设施建设 / 247

（二）打造全龄友好数字生活环境 / 249

（三）加快数字赋能适老化科技创新 / 252

（四）积极培育智慧老龄经济新业态 / 253

（五）支持老年人融入数字社会 / 255

四、小结 / 258

趋势篇

智慧老龄社会到来

数字化、老龄化两大社会变革性趋势，正在加快推动社会形态变迁，智慧社会、老龄社会的概念框架将成为认识和理解未来社会变迁的重要视角。在此背景下，智慧老龄社会的建设成为未来国家发展和治理的重要方向。

第一章

智慧社会：数字技术全面融入社会生活

随着数字技术的快速发展并全面融入社会生活，"智慧社会"这一新的技术社会形态正加快到来。我国明确提出要建设智慧社会，这是科学判断社会发展趋势而作出的重大战略部署。智慧社会的发展与演变始终伴随着数字技术的创新、应用以及技术驱动下的社会变迁，这一过程，在为社会发展带来勃勃生机的同时，也产生了许多新的发展挑战。

一、智慧社会发展的内涵与特征

（一）智慧社会的发展内涵

智慧社会是继原始社会、农业社会、工业社会、信息社会之后的一种更高级的技术社会形态，是智慧政务、智慧产业、智慧民生、智慧城市等各种智慧系统的总和，是人类文明发展的新阶段[1]。其中，新

---

[1] 梅宏.智慧社会的基石[N].人民日报，2018-12-02（7）.

一轮科技革命产生的技术发展智慧化是推动智慧社会产生的根本动力；智慧化技术在生产、生活、治理等层面的多元敏捷应用，使得人民共享技术智慧化发展红利，是全社会共同迈向智慧变革的关键支撑；数字、社会、物理三元世界融合共生，实现绿色低碳、韧性宜居、人文包容、安全规范的人类生存环境是引导社会智慧化演进的核心价值取向。

技术发展智慧化。智慧社会以感知技术、连接技术、计算能力三大技术为驱动，持续推进社会发展进入泛在感知、万物互联、随需接入、交叉融合的智慧化技术时代。泛在感知是指从不同维度、不同属性、不同形式实现对人与组织行为、社会环境的动态监测。万物互联既包含互联网、物联网等不同数据、信息网络结合形成的新型泛在网，也包含由新型泛在网重构的各种人、事、物间关联的社会关系网，强调人、机、物各主体之间的深度交互、广泛联系和有效联结。随需接入是指智慧社会中，智慧化的服务将像电力一样随处可得。数字服务的按需接入及数字世界的随需进入，将真正实现各类生产生活服务的智能化和泛在化，大大扩展每个人的认知与能力边界。交叉融合一方面是指技术上，智能计算系统在架构上形成异构集成、广域协同的计算系统，从而实现各种智能计算的交叉融合，多种技术、产品、服务的跨域交叉协同以及资源的智能适配等；另一方面也指数字、物理、社会三大空间的深度交叉，数字人、社会人、物理人高度融合，实现虚拟和现实的自由穿梭。

技术应用智慧化。智慧化的技术将为社会的生产、生活与治理带来深度变革。农业、制造业、商贸服务业等的智慧运作水平将不断提升。传统的生产模式、理念全面升级，新产业、新模式、新业态持续涌现，尤其是传统制造业的生产制造、经营管理、市场营销等各环节均将实现智慧化，从而形成智慧医疗、智慧交通、智慧教育、智慧养老、智慧文旅、智慧环境治理等智慧应用场景，实现智慧成果普惠共享、智慧生活惠及全民。此外，智慧化的技术和生活场景需求，将激发治理手段和理念上的更迭与创新，形成城市管理、社会治理和数字化政务服务等领域的智慧治理新模式，逐步完善共建共治共享的社会治理体系和制度，塑造开放、协同、安全的治理新风貌。

环境响应智慧化。智慧社会的发展体现了技术发展与扩散的客观规律，同时也强调社会治理者与参与者的主观能动性。智慧社会的发展理念与目标将极大地影响智慧社会的发展走向。因此，本书强调环境响应的智慧化，其中既包含物理环境，也包含法规制度环境和以民众为主题的社会环境。并从理念上提出绿色低碳、韧性宜居、人文包容和安全规范四个方面。其中，绿色低碳指智慧化技术和手段使社会各子系统的资源得到高效配置并通过新技术驱动绿色创新，实现节能减排，低碳环保。韧性宜居指智慧社会将充分发挥其高度感知的优势，提升社会的韧性，更好地把握社会运行中存在的挑战和潜在风险，精准及时地制定出应对自然灾害、公共卫生事件等突发危机的策略，并迅速从中恢复。人文包容指智慧社会的建设将以实际需求为导向、以充分服务人民为目的，信息技术、数字技术将以覆盖所有人为指向，并给予"少数人"特别的包容。安全规范指智慧社会需要建立在健全规范的法治环境中，强调对数据安全、隐私、权属、管理、交易和使用等方面的规范化、法治化，同时增强安全监管，建立健全体制机制。

（二）智慧社会的发展特征

智慧社会的发展在社会生产中以数据要素的价值凸显为核心特征。智慧社会实现了数据、技术等非物质生产要素对土地等物质资源要素的取代，数字经济成为社会经济发展的支柱之一。随着数据海量、深度的生产，便捷、快速的互联和随需、智能的计算，人类的智力、知识和创造力得到了空前的解放与开发。

智慧社会的发展在社会生活中以多元共时为核心特征。智慧社会中，数字、物理、社会三元空间高度融合，人栖居在三元空间共筑的生活环境中，并在其中不断穿梭。生活需求的满足依赖于多个空间的相互配合与交互。但由于不同场景、地域的三元空间融合程度参差不齐，不同人群、组织对数字空间的适应程度各有差异，智慧社会在表现形态上呈现出多元共时的包容性，即在对生活需求的满足上同时存在多样化的供给形态，非数字化的与数字化的服务相互交织，在多元共时的复杂性上实现资源的公平、有效与合理分配。

智慧社会的发展在社会治理中以多元共治为核心特征。随着信息流动性的增强、智慧化装备的普及、数字空间权力的重新分配及其对社会空间、物理空间影响的逐渐放大，社会治理结构将不断趋于扁平化。个人与组织将越来越容易、越来越多地参与社会治理的预警、决策、执行和监督的全流程。同时，在知识与数据的双轮驱动下，新一代人工智能技术在感知、学习和推理决策等各类认知任务上的能力快速增强，城市大脑、法治大脑等治理应用逐渐普及，公共服务部门的治理职能也将逐渐智慧化，实现人机共治新局面。

二、智慧社会发展的历程与趋势

（一）数字技术发展创新融合

数字技术的发展起源于20世纪中期电子计算机的发明问世，并随着感知技术、通信技术、计算技术等数字技术的不断发展，逐渐从单纯的信息化向数字化、智能化、智慧化迈进。

1. 泛在感知——感知技术发展简史

在数字化变革的早期阶段，也就是数字世界构建的早期，人是连接物理世界和数字世界的核心，物理世界主要通过人的测量、记录等操作来实现物理信息的数字化。之后，随着感知技术的高速发展，物理世界数字化的范围、深度、便利性、准确性获得了极大的提高。

感知技术发展的第一个阶段是以工业化传感器和计算机为主要物-数转化装置的简单信息化阶段。该阶段的数字化特征在于物理空间、社会空间到数字空间的转换往往具有工具性和局部性。所谓工具性，即数字化操作往往从属于特定的生产性目的，具有明显指向性与特异性，人们在工厂中安装的传感设备和对计算机的操作普遍是为特定生产服务。所谓局部性，即物-数转换操作只在时空的局部开展，只在生产需要时进行。同时，由于技术的限制和资本积累的不足，大量的数据采集、记录工作依然需要通过人来实现。

第二个阶段是以移动设备、社会化传感器为主要物-数转换装置的泛在感知阶段。该阶段以移动设备及摄像设备的广泛应用为起始，逐渐向全时空、全属性的感知演进。该阶段中，从物理空间及社会空间到数字空间的转换呈现出了通用性、泛在性。所谓通用性是指采集的数据不再服务于特定目的，而具有了广泛的价值。例如移动通信信令数据，虽然其最初目的是完成通信任务，但在社会治理、经济预测等多个方面发挥了巨大作用，其使用价值已远远超过了通信范畴。所谓泛在性，即在物理空间及社会空间中的连续存在。在社会空间中，几乎人人都在自觉或不自觉地、主动或被动地通过手机、电脑、可穿戴设备等产生数据。在物理空间中，卫星、摄像头等各类物联网检测设备几乎实现了多尺度、海陆空全范围的覆盖，大量的物理空间和社会空间特征被实时地映射到数字空间。在时间上，随着各种电子设备逐渐成为生产生活的必需品，它们几乎时时刻刻都在进行着数字化记录。

第三个阶段是智能感知阶段。感知的智能主要体现在两个方面：一是随着终端芯片算力的增长及其功耗、成本的逐渐下降，计算能力能够赋能越来越多的终端感知设备，使其更柔性高效地调整感知范围、内容与目的，并进行一定的计算处理，从而在降低数据采集及流通成本的同时提高整个社会系统的反应能力。二是随着单台感知设备功能的逐渐强大、社会感知设备存量的逐渐丰富和数据流通程度的显著提高，将出现感知设备的智能化调度，即感知设备网络可以根据任务需要进行功能调整与多机协同，从而实现单台设备无法完成的复杂感知任务。

2. 万物互联——通信技术发展简史

数字世界的构建以数据的积累开始，在数据的便捷流通中发展。互联网、物联网仿佛为社会空间和物理空间开了一个"虫洞"，使得人与人、人与物、物与物之间能够超脱于自身的物理条件束缚，通过数字世界的电与光进行连接与沟通。在这一过程中，数据积累形成的规模效应和网络扩大形成的麦特卡夫定律[1]共同作用,为智慧社会的内生发展持续注入强劲动力。

从通信技术的角度来看,数字技术可以分为前信息化阶段、信息化阶段、数字化阶段及智能化阶段。在前信息化阶段,虽然人类社会出于沟通需要开发出了如烽火台、有线电报、有线电话、无线电报等多样化的长距离沟通方式,但是由于算力与存储能力的限制,网络及数据集聚的规模都极小,传输的内容基本限于简单沟通。到了信息化阶段,随着电子计算机、模拟信号传输、互联网技术的发展与应用,数据传输的带宽及处理能力相比前信息化阶段出现了显著提高,人们通信的频率、内容与规模都出现了较大增长,数字网络初具规模,人们开始习惯于通过数字化方式进行沟通交流。但是由于模拟信号带宽依然有限及资本积累不足、成本相对较高,因此,各通信网络的覆盖范围仍然有限,且具有相对明显的社会分工。例如电话网络仅用于即时沟通,互联网仅用于信息检索与分发等。到了数字化阶段,随着数字传输技术的普遍应用与高速发展,不论是数据传输的带宽还是稳定性都得到了明显提高。数据传输网络规模空前扩张,从移动互联网逐渐向工业互联网、物联网迈进。数据传输的内容也呈爆炸式增长,从社交到娱乐到服务到生产,应有尽有。目前,随着算力及新一代人工智能带来的资源调度能力增长,网络的发展即将进入智能化阶段,数据流通网络和算力网络逐渐融合,网络资源的调度能力显著增强,数据和算力的结合更加高效。总体来看,越来越高效的通信连接技术使

---

[1] 麦特卡夫定律指网络的价值同网络用户数量的平方成正比。——编者注

得万物互联的数量与质量获得显著提升，数据要素得到充分流通与汇集，为数据与其他生产要素的融合及价值创造奠定了基础。

3. 智能计算——计算技术发展简史

计算能力是数字技术的核心。计算能力的发展持续推动着感知能力及互联能力的增长。从计算能力形态发展的角度来看，智能计算的发展可以分为三个阶段。第一个阶段是科学计算（芯片）阶段。这个阶段计算能力的增长主要依赖单台计算机的能力及数值计算方法的优化。芯片的计算能力在该阶段的发展中占据主导地位，摩尔定律对于数字空间的构建起着决定性的作用。同时操作系统、数据库、程序语言等基础软件系统也在此时成型。在这一阶段，大部分发展中国家均未能及时跟进。从理论到产品到应用的整个计算生态基本被发达国家所垄断。第二个阶段是云计算（人工智能）阶段。随着广域网的构建及分布式存储、计算能力的增强，算力云化实现了大范围空间的协同共享，从而显著提高了计算资源的利用效率。该阶段网络构建与协同效率的提高在一定程度上弥补了芯片能力的不足。同时，与云基础设施高度绑定的云软件系统也开始涌现，对传统的基础软件产生了一定的颠覆作用，从而为发展中国家在算力供给及基础软件系统上的"弯道超车"提供了可能。与算力云化平行出现的还有人工智能技术的全面爆发。相比主要基于显式建模及微分方程数值求解的科学计算，人工智能技术通过进化学习的方式，在一定程度上降低了复杂系统的建模与计算难度，从而推动了科技发展的第四范式——数据密集型科学发现。第三个阶段是智能计算阶段。随着摩尔定律的逐渐失效、网络的全面覆盖和架构定型，计算能力的提升将更加依赖于科技的创新。目前来看，算力的发展方向主要分为两类。一类是通过算法与算力的高度协同，实现算力的进一步发展提高。随着芯片设计能力的增强、制造的柔性化及算法通用性的提高，如张量处理器（TPU）、网络处理器（NPU）等专用集成电路（ASIC）基于算法高度定制的芯片已经初具规模。另一类则是完全颠覆原有的冯·诺伊曼芯片架构，通过新的计算架构实现算力跃升，例如生物计算、量子计算、类脑计算等。其中，量子计算成为目前最有望超越当前计算范式的方案。在计算软件的发展方向上，虽然新一代人工智能技术的发展在路线上各有侧重，但几乎都是向强人工智能方向进军，并在发展过程中逐步提高通用性、可解释性与创造性等。

感知、互联、计算三者作为构建数字空间的核心驱动力，共同扩大了人类的生产生活空间。同时，三者在发展上相互协同，并逐渐向深度融合迈进。总体来看，计算在各类技术中占据核心地位，感知及互联技术的发展都离不开算力的支撑及牵引。因此，持续发力智能计算，加大对智能计算理论、架构、方法的研究对于我国引领全球数字空间的构建具有关键作用。

（二）数字技术应用快速普及

数字技术广泛应用于人类生产生活的实践当中，为全社会创造并积累了大量的物质与精神财富，有效推动了社会生产力的快速发展。电子计算机、互联网等数字技术与许多新技术一样，先应用于国防与科研领域，随后逐渐向公共服务部门、金融部门、企业生产等领域渗透，并最终随着技术应用成本的降低及数字网络效应的显现，进入日常生活之中。尤其是在20世纪80年代以后，随着个人电脑的普及应用，互联网初具规模，数字技术在各领域的生产生活中开始实现大规模应用，从其发展特征上来看，可以粗略地分为信息化、数字化、智慧化三个阶段。

信息化阶段。在生产与公共服务方面，数字技术主要应用于企业、公共部门的流程与数据的管理，实现组织各类流程活动在数字中的固化。在生活方面，人们主要利用数字技术进行资料的搜集、整理及一些娱乐活动。

数字化阶段。在生产与公共服务方面，各类组织通过大量应用传感设备，实现组织管理、组织环境、组织产品与服务的全面数字化。数据的海量采集与积累已经远超人类大脑的加工能力，大部分数据在计算机中以数字形式贯穿始终，并不需要转化为可供人解读的信息。在生活方面，产品与服务的数字化使得人们可以通过手机、电脑等数字化入口在数字世界中高效地获取所需产品与服务的基本信息，并通过数字指令对这些产品和服务进行调度，从而有效提高人民生活需求与企业、公共服务部门的生产服务供给之间的匹配效率。大量的供需对接活动向数字世界转移。

智慧化阶段。在生产与公共服务方面，新一代人工智能技术的发展与智慧设备、系统的普及应用，使得企业与公共服务部门运行过程中积累的海量数据能够获得充分的价值挖掘，从而辅助、指导甚至决定企业与公共服务部门的发展方向与生产操作过程，例如出行平台车辆的自动化调度、智慧交通系统信号灯的自动控制、环境污染的自动检测与溯源等。同时，大量的人工智能技术被固化到组织的产品与服务当中，例如各类智能家居产品及智能软件应用等，从而使得人工智能技术惠及每个人。在生活方面，随着个人的数字化及产品与服务的智慧化，数字服务变得越来越简单，相关的认知负担、行动负担都将逐渐降低。例如，平台通过推荐系统对商品进行有效筛选，从而降低人们在购物上的决策负担。

（三）数字技术影响深远广泛

数字技术在生产生活方面的广泛应用对社会的运行与治理产生了深远影响。

一是社会内涵的丰富扩大了社会治理的范围。数字技术的发展创造了一个数字世界。这个世界在数字技术发展的早期，由于规模较小，只是作为物理世界和社会世界运行的一个简单工具或补充。但是时至今日，数字世界已经得到了极大的发展，许多社会的运行过程转移到了数字世界当中，数字、社会、物理三足鼎立、三元交融的格局已经确立。因此，数字世界的研究与治理也成为社会治理与研究的一个重要组成部分。数字世界与物理世界在规则规范上的差异、人类在不同世界中行为模式的不同及两个世界相互作用的耦合模式大大提高了整个社会系统的复杂性与不确定性，对社会的运行与发展带来深远影响。

二是数字工具的丰富与普及对过去的社会权力结构产生了挑战。一方面，数字技术大大提高了人与人、人与物连接的便捷性，从而提高了个体及基层组织的社会影响力与控制力，进而驱使社会权力结构逐渐向扁平化、去中心化发展。例如，在传播领域，由于互联网带来的传播去中介化，传统媒体的权力受到了自媒体的空前挑战。另一方面，数字技术也使得一些社会权力在数字马太效应的作用下得到增强。社会的权力中心基于原有权力衍生的数据采集与汇集权力，将能够更加快速地了解当前社会的发展态势及资源配置情况，并在智能计算技术的加持下，逐渐具备广域资源的调度能力与手段。因此，随着数字技术智慧化程度的加深，将有可能出现一个近似全知全能的中心化实体，使得对日常社会资源的总体高效调度成为可能。

三是数字技术大大提高了公共资源的利用效率，使得一些工具的私有化代价远高于公有。自动化技术打破了人与物之间的必然连接（如自动驾驶将打破人-车之间的必然连接）；复杂系统的预测和调度技术则提高了广域资源的调度效率，从而使得生产生活工具的共享重新具备了经济上及可持续发展上的吸引力。以共享出行、共享充电宝、共享办公、共享算力（云计算）等为代表的共享经济迅速发展，并提升了人们对资源共享这一理念的接受程度。未来，随着社会柔性化程度的进一步提高，可以预见，将有越来越多的工具不再需要私有。

三、智慧社会发展的核心挑战

（一）数据要素如何持续有效驱动社会生产力发展的挑战

数据要素既是智慧社会在生产要素上区别于其他技术社会形态的

关键特征，也是智慧社会生产力快速发展的关键支撑。但是作为一种新型的生产要素，数据要素相比其他要素存在许多问题与不足。第一，数据权属界定问题尚不清晰。一方面，现行法律规范对数据产权未予明确。《中华人民共和国民法典》《中华人民共和国个人信息保护法》《中华人民共和国数据安全法》等法律虽然规定了须对个人信息和数据进行保护，但对数据要素市场中的数据权属问题一直未明确回应，导致利益相关主体对享有的数据权益难以获得法律的有力保障，进而抑制数据主体开放共享的积极性。另一方面，厘清数据产权的权利归属的难度较大。数据本身蕴含着个人、企业等多主体的信息，涉及当事人的物权、人格权、隐私权等多种权利。同时，数据本身的获取、存储和复制的边际成本极低，因而容易被各类主体获取并产生产权争议。此外，原始数据经过处理得到的衍生数据，直接将其产权界定给个人或企业，也会带来争议。这些问题在一定程度上制约了数据交易的整体规模，阻碍数据经济的发展。第二，数据资源开放共享程度较低。主要体现在公共数据开放量有限且质量不高，社会数据共享程度较低，数据资源与数据开发能力不匹配三个方面，尤其是社会数据在数据流通上还存在法律与道德风险。第三，数据要素交易体系尚不完善。主要体现在数据全流程的标准化体系尚未建立，数据价值缺乏核算机制、估值定价困难，包容审慎、可信安全的数据交易的市场环境尚未形成，以及数字流通基础设施建立、运行成本高四个方面。第四，监管法律法规存在空缺。目前国家层面没有建立起统一的规范体系与数据交易制度，在数据开发利用上以事后处罚替代事中监管，使得数据要素在开发利用中难以得到有效指引，存在较高法律风险。

（二）传统社会体系如何快速适应智能技术渗透与变革的挑战

随着智慧社会的快速发展，科学技术尤其是数字技术的测试迭代成本已经显著降低。敏捷开发成为数字技术开发主流，技术迭代速度及其带来的生产力发展显著提高。数字技术越来越快速地渗透到社会生产、生活、治理的方方面面，并不断取代各社会组织的一些固有职能，从而对社会结构产生重大影响。反观社会的建构与治理方面的研究，虽然数字孪生、元宇宙等概念十分火热，但是由于解决社会复杂性问题至少还存在物理到生物、生物到社会两层科学鸿沟，相关研究方法、仿真技术、测试环境相对匮乏，导致社会治理、社会演化相关的理论、制度、法规、工具等的迭代依然相对缓慢且代价高昂。因此，面对技术的快速创新与发展应用，相关机制的发展在机理上必然无法满足相关治理与规范的需要，从而使得技术对社会的变革不可避免地从经济底层出发，从产业结构开始，逐渐向经济运行模式、人类社会关系等扩展。在缺乏顶层规划设计的情况下，技术在自下而上打破原有利益格局，创造全新社会生产与需求的过程中，将伴生多样化的社会问题。同时，由于生产力发展已经成为满足人民生活需要，解决不充分、不均衡等发展问题的必然选择，技术的智慧化带动社会的智慧化已是不可逆转的趋势。因此，如何面对这一快一慢的矛盾，加快既有制度的变革调整，建立与智能技术发展相适应的智慧社会架构，正是摆在我国国家治理能力和治理体系现代化征程中的核心命题和关键挑战。

（三）社会价值体系如何有效规范智能科技创新与应用的挑战

科技创新推动社会形态加快变革，但是人类发展的价值体系是相对稳定和具有普遍共识的。伴随着以人工智能为代表的新一代数字技术的创新与应用，数据监视与用户隐私、数字鸿沟与社会平等、数据风险与公共安全等诸多问题也开始出现，这些问题都指向了对"和平、发展、公平、正义、民主、自由"的全人类共同价值的挑战。例如，在社会公平性方面，随着数据要素与技术要素在社会生产中的重要性越来越高，人群及地域之间会由于数据要素、技术要素的差异而产生不平等现象。又如，在自由方面，各类推荐算法造就的信息茧房在信息层面上限制了人自由探索的权利。此外，不同群体之间的价值分化也对以民主为基础的社会治理制度设计提出了挑战，在诸如"是否应该用工业时代的社会规则束缚数字技术的发展""技术公平的本质与规则是什么"等形而上学问题的争论之中，相关治理机制难以获得群体共识，从而使得在这个将市场化、分布式决策奉为圭臬的时代，大量技术的发展、应用与资金产生了协同效应，技术的发展应用可能向着利益最大化的方向发展。因此，如何加强对智能科技创新与应用的治理，使其在解决社会问题、促进社会发展、增进社会福祉的同时，避免造成新的社会不平等、带来新的社会风险、制造新的危机，成为智能社会治理的另一类重要且迫在眉睫的挑战。

四、小结

随着数字技术的不断发展，我们在塑造一个全新数字空间的同时，也在不断改造着自己熟悉的物理空间和社会空间。三元空间共融、多元共治、多元共时的复杂性既加速了社会智慧的涌现，也带来了诸如社会治理与技术发展脱节、社会价值体系分化等挑战。因此，虽然数字技术的迭代发展为社会生产力的进步提供了核心动力，为创造美好生活提供了坚实基础，但是其本身无法决定社会形态的发展与演进方向，技术社会的发展目标与进程将始终受到社会结构、社会伦理、社会价值的规约。在智慧社会的建构过程中，不论是参与方还是治理方，都应积极发挥主观能动性，从人文包容的建设理念出发，立足我国社会的发展基础与发展规律，主动应对发展中的各类挑战。

第二章

老龄社会：人口老龄化的社会形态转型

随着预期寿命的提高和生育率的下降，人类正在经历史无前例的人口老龄化进程。人口老龄化进程带来的社会主体构成的变化，正对社会运行架构带来变革性影响，与工业化、信息化、城市化、科学技术发展等，一起加快推动人类社会进入老龄社会这一新型社会形态。

一、老龄社会的内涵与特征

（一）老龄社会的内涵

近年来，学术界关于"老龄社会"的研究逐步增多，从根源、性质、内容、表现形态等方面对人口老龄化问题进行了重新界定，出现了一批主张从社会形态理论重新认识人口老龄化问题的学者，从单纯关注老年人问题拓展到关注社会结构问题、社会形态问题，并进一步探寻老龄社会的兴衰之道。

通过社会形态演变的视角，我们可以从宏观上把握社会发展变迁的动力和特征。例如，根据生产关系的不同，人类社会可分为原始社会、奴隶社会、封建社会、资本主义社会、共产主义社会五种经济社会形态；根据生产力和技术发展水平及相应产业结构的不同，人类社会可分为渔猎社会、农业社会、工业社会、信息社会等技术社会形态。

马克思主义认为，社会是人类生活的共同体，其不是个体生活的堆积或简单相加，而是人们社会关系的总和。可见，人口是社会形态变迁的基础性因素。

所谓"老龄社会"，是指这样一种社会形态，因人口老龄化导致人类社会构成变化，进而使得社会结构、社会特征和社会关系发生整体性、持久性变化，从而形成的新社会主体构成和新社会架构。其主要有以下内涵。

老龄社会的本质是新社会主体构成和新社会架构之间的稳定关系。社会主体（人）和社会架构共同构成了"社会"这一整体。一般而言，社会主体的年龄结构和相应的社会架构之间是一种比较稳定的耦合关系，都是属于社会变迁的慢变量。但当人口年龄结构率先发生变化甚至是较快变化的时候，社会架构的变化就会显现出滞后性。因此，"人口老龄化"的概念，只展现了社会人口结构变化的特征，而"老龄社会"的概念则更全面地关注到适应于人口老龄化的社会架构变化。即人口结构的变化，会带来社会架构的不适应，而一旦社会架构通过变革适应了新的人口结构，人类将进入新的社会形态[1]。

老龄社会转型的直接动力和重要象征是人口老龄化。所谓"人口老龄化"，是指老年人口在总人口中所占比例不断上升的动态发展趋势，是由低生育率、低死亡率等人口转变内生动力决定的规律性动态结果和

---

[1] 党俊武. 如何理解老龄社会及其特点 [J]. 人口研究，2005（6）：68-72.

客观事实。人口规律的作用推动人口年龄结构老化，进而推动社会结构、社会特征和社会关系的变化，从而演化出老龄社会形态。

老龄社会转型的根本动力是社会生产力的发展。人类历史上主要有原始型、传统型和现代型三种人口再生产类型，呈现出由生产力革命驱动的由低级向高级的发展过程。不同的人口再生产类型分别与不同的生产力发展水平相适应（表2-1）。随着生产力水平的持续提升，以工业化、城镇化、信息化为核心的现代化，推动人们生育观念、生活方式和家庭婚姻模式的转变，推动人们从传统的多生多育到现代的少生少育、优生优育；同时，现代化进程中，随着生活水平及科学技术特别是医疗科技的提高，人类平均预期寿命大大提高，死亡率大幅降低。可见，人口老龄化表面上是人类生育和死亡行为的综合结果，但在根本上是社会生产力发展和现代化的必然结果。老龄社会的形成和发展也伴随着现代化进程中的工业化、城镇化、信息化等社会发展进程。

表 2-1 人口与社会转型特征

人口再生产类型			
类型	原始型	传统型	现代型
人口再生产	高出生率、高死亡率、极低的人口自然增长率	高出生率、高死亡率、较低的人口自然增长率	低出生率、低死亡率、低人口自然增长率
社会生产力	以采集、狩猎为特征的采集经济	以手工劳动为基础的农业生产经济	以现代科学技术为基础的社会化大生产经济
人口社会形态	年轻型社会	年轻-成年型社会	成年型社会、老年型社会

老龄社会具有阶段性特征。人口老龄化的动态性和进程性，决定了老龄社会具有阶段性特征。按照国际通行标准，根据老年人口占总人口的比重达到不同的程度，即老龄化程度，可将老龄社会分为轻度老龄化阶段、中度老龄化阶段和重度老龄化阶段，也分别称为老龄化社会（ageing society）、深度老龄社会（aged society）和超级老龄社会（hyper-aged society）[1]（表2-2）。但应该看到的是，仅仅用老龄化程度这一指标来划分老龄社会的阶段，是不够全面的。要做到更全面的划分，还应将社会架构的变化特征纳入分析。

表 2-2 老龄社会阶段划分及标准

老龄化阶段	划分标准
轻度老龄化阶段	60 岁及以上人口比例达 10%~20%；65 岁及以上人口比例达 7%~14%
中度老龄化阶段	60 岁及以上人口比例达 20%~30%；65 岁及以上人口比例达 14%~20%
重度老龄化阶段	60 岁及以上人口比例达 30% 以上；65 岁及以上人口比例达 20% 以上

理想的老龄社会需要理念和目标驱动。一个社会的发展离不开理念和目标，否则就会缺乏共识、失去方向。理想的老龄社会应该是什

---

[1] HARIHARS. Population decline and ageing in Japan: the social consequences [J]. Asian Journal of Social Science, 2011, 39（2）: 263-264.

么样的？从老年人个体或群体发展层面看，理想的老龄社会应该是老年人老有所养、老有所乐、老有所学，老年人具有较高的社会地位，老少代际和谐共融，老年人全面发展、生命潜力得到充分发挥，从而使得老年人能够共享经济社会发展的成果。从整个社会经济发展层面看，理想的老龄社会应该是能够积极看待老龄社会、老年人及老年生活，社会养老服务体系健全，老年人力资源得到有效挖掘和应用，老龄产业、老龄科技充分发展，人口老龄化进程与经济社会协调、可持续发展。

（二）老龄社会的理想架构与运行特征

诚如我们对老龄社会定义的分析，虽然我们将老年人口比重达到一定的比例作为进入老龄社会的主要依据，但从各国人口老龄化的进程来看，其所带来的社会架构与社会运行的变化却远远超出人口结构的范围，在社会架构和社会运行的诸多方面逐步显现出明显的转型特征，并对整个社会现代化进程产生深刻影响。现实中，老龄社会发展得不一定十分全面，但理想的社会架构可能包含以下方面。

1. 经济结构与运行方式

在老龄社会条件下，由于人口构成的变化，劳动年龄人口比重下降，从而带来劳动力结构、社会抚养结构和经济需求结构的变化。

从生产方式来看，呈现创新驱动型特征。面对老龄社会带来的劳动力数量减少、社会抚养负担加重等挑战，最根本的是提高全社会劳动生产率，从而增加单位时间内的社会总产出。围绕科技创新应用、产业结构优化升级、人力资本投资、体制机制改革等方面，推动生产方式逐步过渡到以人力资本为核心依托的知识型和创新型的经济生产方式，成为大势所趋。

从需求结构来看，呈现消费引领型特征。根据生命周期理论，人的生命阶段不同，消费和储蓄的关系也不同。在老年阶段，消费要大于储蓄，是消费主导型的人生阶段。尤其当老年人的消费意愿和消费能力逐步提升时，老龄社会的消费型特征将更为显著。据预测，至2030年我国老年人口消费总量为12万亿～15.5万亿元，占全国国内生产总值的比重将达8.3%～10.8%；2050年的消费总量为40万亿～69万亿元，占国内生产总值比重提高至12.2%～20.7%[1]。

2. 社会结构与运行方式

人口年龄结构的变化，一方面是不同人群代际关系的重大变迁；另一方面也意味着人类构成和人类社会结构的转变。随着老龄社会的到来，教育、养老、医疗卫生、公共基础设施等社会事业会在资源配置等方面发生结构性变化，代际关系、利益格局等社会宏观结构也会发生调整。

从主体行动来看，呈现老年人参与型特征。在老龄社会中，老年人口成为主要的社会群体之一，老年人在生产、消费、政治、文化等各个领域的社会参与将更为广泛，教育、医疗卫生、公共基础设施等社会事业将不断适应老年人的需要，老年人的社会角色将由相对单一的被赡养人群逐步向社会主流人群转变。

---

[1] 王祖敏. 中国老年人口消费潜力将不断上升至2050年或达40万亿至69万亿元［EB/OL］.（2022-03-01）［2022-03-22］. https://baijiahao.baidu.com/s?id=1726093784149088432&wfr=spider&for=pc.

从养老方式来看，呈现社会养老型特征。 由于核心家庭的增多，传统家庭养老功能加快向社会转移。老龄社会条件下，必须构建起以社会养老为主体的新型养老体系，以承接核心家庭所无法完全承担的养老功能。社会养老方式的选择，又与代际关系有直接关系，因其在本质上意味着代际资源和利益关系的转变。

从治理方式来看，呈现整体治理型特征。 随着人口老龄化程度的加深，老龄社会的治理将从单一的养老问题向老年人的经济保障、健康促进、养老服务、精神文化生活等各方面拓展，治理方式也将从单一的政府主导向多元主体共同参与、从各部门专项治理向统筹政府部门的整体性治理转变。

二、中国老龄社会发展阶段与趋势

老龄社会的发展具有阶段性，我们可粗略地以老年人口占总人口的比重为主要指标，对老龄社会的阶段进行划分。为便于表述和进行国际比较，本书以联合国2019年《世界人口展望》的预测数据为参考，以65岁及以上人口占总人口比重为依据，结合历史数据，对中国老龄社会发展阶段与趋势进行分析。

2000年，中国65岁及以上人口占总人口的比重首次超过7%，标志着中国正式迈入老龄社会。而根据2019年《世界人口展望》中方案预测数据，到2035年，中国65岁及以上人口占比将超20%，且到21世纪末，将一直保持在20%以上的水平（图2-1、图2-2）。据此可以认为，

图2-1 中国60岁及以上老年人口数量及比重

数据来源：联合国，2019年《世界人口展望》。

图2-2 中国65岁及以上老年人口数量及比重

数据来源：联合国，2019年《世界人口展望》。

中国社会在2000—2024年处于轻度老龄化阶段，2025—2034年为中度老龄化阶段，2055年至21世纪末为重度老龄化阶段。中国从轻度老龄化过渡到中度老龄化仅用时25年，演进速度比发达国家平均状态快45～50年，比发展中国家平均状态快11年。

轻度老龄化阶段（2000—2024年）。我国人口老龄化的程度持续加深。根据国家统计局第七次全国人口普查公报，2020年全国60岁及以上人口为2.64亿人，占全国总人口的18.7%，较2000年上升了8.25个百分点，意味着全国每5个人中就有一个60岁及以上的老年人；其中65岁及以上人口为1.91亿人，占13.5%，较2000年上升了6.4个百分点。根据国家统计局数据，中国15～59岁劳动年龄人口占总人口比重在2010年达到峰值70.14%，其规模在2011年达到峰值9.41亿人，两项指标分别从2011年和2012年开始下行，2020年我国劳动年龄人口规模降至8.94亿人，占总人口比重降至63.35%。0～14岁少儿人口占总人口比重从2000年的22.89%下降至2013年的谷底（16.40%）后，因"单独二孩""全面两孩"生育政策调整，缓慢回升至2020年的17.95%。

中度老龄化阶段（2025—2034年）。按照我国全面建设社会主义现代化国家的新的奋斗目标的两阶段安排，到2035年为基本实现社会主义现代化阶段。可以看到，这一时期的主体将处于重度老龄化阶段。60岁及以上老龄人口快速从20%左右上升到近30%，65岁及以上老龄人口快速从14%上升到20%。相应地，60岁及以上老年人口从3亿人增长到4亿人，65岁及以上老年人口从2亿人增长到3亿人。

重度老龄化阶段（2035年至21世纪末）。2035年至21世纪中叶，是我国在基本实现现代化的基础上，建成富强民主文明和谐美丽的社会主义现代化强国的发展阶段。放眼2035年至21世纪末，我国将一直处于深度老龄化阶段，60岁及以上老年人口保持在4亿人以上，65岁及以上老年人口始终在3亿人以上，并一度超过4亿人。

三、中国老龄社会转型治理的问题挑战

长期以来，我国人口老龄化研究的重心在人口结构变迁和社会养老服务体系等领域，对人口老龄化带来的社会结构影响关注不多。进入老龄社会，如何推动社会架构变革加快适应全球规模最大、速度最快、时间最短的人口结构老龄化进程，是我国老龄社会治理的核心问题，也是国家治理体系和治理能力现代化过程中必须应对的重大战略问题。老龄社会转型治理，即中央和地方在积极应对人口老龄化的过程中，要逐步建立适应老龄社会发展的社会架构，以适应国家治理体系和治理能力现代化的需要。当前，我国老龄社会转型治理主要面临以下四方面的挑战。

（一）治理对象认识不清

老龄社会治理面对的社会问题主要有以下几个层面，一是老年人问题，主要是指老年人群体的需求及其满足问题，直接面向老年人的养老服务、健康服务等。二是老龄问题，主要指人口老龄化给经济社会运行及可持续发展带来的问题和挑战。三是老龄社会问题，主要指

老龄社会的社会主体构成变化与社会架构之间的矛盾。

我国老龄社会治理过程中,对治理对象的认识不足表现在:一是把老龄问题窄化为老年人问题。老龄问题是涉及人口、经济、社会、文化、政治等社会方方面面的复合性、系统性问题。老年人问题则主要是公民老年期的生活需求和发展需求问题。长期以来,社会治理对人口老龄化的回应局限在老年人的养老服务、社会保障等层面,对老龄问题的研究、认识和回应不足。不能将关乎所有人(特别是年轻人)的老龄社会降维成仅关乎老年人的"老年人社会",更不能进一步降维成"老年人的养老"问题[1]。二是对老龄社会问题认识不足。首先,全社会对人口老龄化和老龄社会的"悲观论""危机论"广泛存在。人们往往想当然地认为老龄社会可能会丧失活力、加重"负担",但老龄社会是社会生产力发展到一定阶段的产物,是人类社会发展的必然结果。我们需要将社会架构调整到与老龄化的人口结构相适应的状态,才能实现老龄社会的良性运转。其次,政策实践和社会认识层面忽视人口老龄化的规律性。人们往往将人口年龄结构先行转变所产生的与社会架构的冲突,归咎到人口老龄化本身,这正是源于对老龄社会问题的认识不足。

(二)治理理念更新滞后

理念决定思路和出路。人是经济社会发展的主体,人口老龄化的

---

[1] 戈晶晶,梁春晓. 以数字化推动老龄化社会转型[J]. 中国信息界,2021(3):26-29.

到来意味着社会主体结构的革命性变化。如何对待老年人，能在整体上折射出社会的主流价值观念。没有正确的、科学的老年观，社会发展将失去方向。

科学的老龄观念可以从以下四个要旨来把握：一是每个人都将成为老年人。根据人的生命周期规律，人到了一定年龄都将进入老年期。二是老年人是异质性群体。我们必须改变对老年人的刻板印象，老年人群是一个年龄跨度几十年的庞大群体，是一个充满异质性的人群。他们中间确实有一部分人因各种原因而失去了生活自理能力，但随着生活水平的提高、受教育水平的提升、健康状况的改善，他们当中很多人可能不需要他人照护。同时，老年人对家庭、社会的贡献，可能被大大低估甚至忽视。三是老年人既是社会财富和价值的创造者，也是社会财富和价值的共享者。四是老年人自身也应树立正确的老龄观，老年期依然可以大有可为，应保持独立自强的生命意识、保持终身学习的生命状态，以有意义的晚年生活作为自己的精神归宿，作为自己的人生追求[1]。

对于老龄社会发展而言，我们应该要回答，社会发展是为了谁的发展这一问题。

（三）治理基础起点较低

未备先老。由于成年型社会向老龄社会快速转型，我国社会养老

---

[1] 党俊武. 老龄社会的革命——人类的风险和前景[M]. 北京：人民出版社，2015：324-325.

服务体系、社会保障体系可谓在起步阶段，就直接面对着老龄社会的巨大需求，尤其是20世纪90年代中期才起步的养老和医疗保障体制改革尚未完全成熟化，存在保障力度不足、城乡养老金差距大、医保待遇有差异等问题，2016年开始试点的长期护理保险仍未全面普及，失能和半失能人员等特殊人群的生活照料和护理问题较为突出，社会架构在社会保障层面的"未备先老"问题明显，滞后于年龄结构标识的社会形态转变。

未富先老。作为快速老龄化的发展中国家，我国正式进入老龄化国家行列的2000年，全国人均国内生产总值仅为856美元，个体层面应对老龄社会问题的经济能力相对薄弱，国家综合实力也难以大力投入积极应对老龄社会问题。而发达国家刚进入老龄社会时，社会架构的经济层面与老龄社会基本契合，"积极应对"老龄社会问题的经济储备较为从容。从世界主要发达国家人口老龄化进程看，65岁及以上老年人口达到7%时，人均国内生产总值基本为5000～10000美元。例如，美国在1950年前后进入老龄社会时，国内生产总值总量（1990年不变价美元）已经达到14600亿美元，人均国内生产总值（1990年不变价美元）接近1万美元；日本在1968年前后进入老龄社会时，国内生产总值总量（2010年不变价美元）超过17000亿美元，人均国内生产总值（2010年不变价美元）超过17000美元。

未康先老。我国健康卫生事业取得长足发展，但全社会人均预期寿命的增加并不一定能带来人均健康寿命的增加。世界卫生组织（WHO）的一项统计监测显示，2018年中国人均预期寿命为77岁，而平均健康预期寿命仅为68.7岁，说明我国老年人带病生存期长达8年以上[1]。此外，我国75%以上的老年人至少患有一种慢性病，超过4000万的老年人处于失能和半失能状态，老年人健康状况不容乐观。

（四）治理方式创新不足

随着老龄社会的到来，我国社会治理的情境正加快变化，老年人口养老、教育、社会参与等多层次需求不断增大，老龄经济发展潜力有待发掘，脱胎于工业社会的社会保障制度有待变革，数字化带来的公共服务提供方式、社会经济运行方式等全方位变革进一步影响老年人生存状态等，如何创新治理方式将直接关系到老龄社会治理能力的提升和目标的达成。面对一系列老龄社会治理情境，我国老龄社会治理方式的系统性、前瞻性、精细度还有待提升。

四、中国老龄社会治理的战略与行动方向

（一）树立一个理念

"积极老龄化"发展理念，是以人民为中心的发展思想在应对人口老龄化领域的具体化。应对人口老龄化所有的发展举措和政策实践，都应聚焦于为提高老年人的生活质量而创造健康、参与、保障

---

[1] WHO. World Health Statistics 2018: Monitoring health for the SDGs [R]. 2018.

（安全）的内外部条件。具体要做到"三个积极"：积极看待老龄社会、积极看待老年人、积极看待老年生活。老年期是每个人生命历程的重要阶段，每个人都可以老有所养、老有所为、老有所乐。积极、有效应对人口老龄化，在个体层面，可以提高老年人的生活水平和生命质量、维护老年人的尊严和权利，提升老年人福祉；在社会层面，更能促进经济发展、增进社会和谐。

（二）坚持一个战略

实施积极应对人口老龄化国家战略，是中共中央、国务院正确把握人口发展大趋势和老龄化规律，作出的立足当下、着眼长远的一项全局性、综合性战略部署，对于坚持以人民为中心的发展思想、实现经济社会高质量发展、维护国家安全，具有重大意义。

积极应对人口老龄化，从一项工作理念、工作部署上升到国家战略，这是一个不断实践、持续深化的过程。其中，几个关键节点有：2006年，国家"十一五"规划纲要首次以国家文件的形式，作出积极应对人口老龄化的工作部署；2019年11月，中共中央、国务院印发《国家积极应对人口老龄化中长期规划》，作为我国积极应对人口老龄化的战略性、综合性、指导性文件。2020年10月，《中共中央关于制定国民经济和社会发展第十四个五年规划和二〇三五年远景目标的建议》首次提出"实施积极应对人口老龄化国家战略"，标志着"积极应对人口老龄化"正式上升为国家战略。

人口长期均衡发展关系人们的生存与发展问题。积极应对人口老龄化战略，核心目标是实现积极老龄化、人口长期均衡发展和可持续发展；根本任务是努力创造一个有利于实现高质量发展的人口条件，形成与人口老龄化相适应的社会架构。

（三）加快三个转向

从被动应对转向主动应对。 要从被动应对人口老龄化带来的养老问题向主动应对转变。积极加强人口老龄化形势监测分析，主动适应人口老龄化的客观要求，增强人口老龄化相关问题的前瞻性研判，通过制定发展战略、规划和政策，强化政府在人口中长期均衡发展、积极应对人口老龄化中的作用。

从单一应对转向综合应对。 要从解决单纯的养老问题向全面综合应对人口老龄化转变。统揽经济、文化、社会发展各个领域，从强化人力资本投资、提升社会参与水平、推进社会治理创新、优化公共服务供给等方面，最大限度地保持和激发全社会的积极性、主动性和创造性，实现经济社会的高质量、可持续发展。

从老年群体转向全体公民。 要从解决老年群体的问题向预先解决全体公民老年期的问题转变。实施面向公民全生命周期的预防应对政策，将全体公民的老年期问题预先在中青年期加以考虑并解决，从而确保全体公民进入老年期后都能够享有更为健康、更有尊严、更加体面的幸福生活。

（四）把握五个着力

积极应对人口老龄化，需要建立在对老龄社会问题内涵的理解的基础上，统筹把握应对策略，需要着力将思想观念、科技创新、政策制度、老龄事业产业和老年人积极作用摆在重要位置。

思想观念是老龄社会治理的认识前提。理念是行动的先导和基石，科学认识老年人及老龄化是老龄社会治理的前提。尽管我国早在2000年就已经开启人口老龄化进程，但全社会对积极应对人口老龄化等诸多方面还存在着很多认识误区。全社会需通过深入的人口老龄化国情教育，充分认识到老龄社会是人类社会现代化发展的必然结果，老龄社会问题本质上是人口年龄结构变迁与社会架构之间的矛盾，其呈现为复合型、系统性的问题特征。

老年人是老龄社会治理的重要主体。老年人社会参与是老龄社会治理的关键内容之一。对老年人的认可，并充分促进老年人的社会参与，是积极老龄化的主要内容。当前，我国每5个人中就有一个老年人，未来，每4个人、每3个人中就有一个老年人。毫无疑问，老年人已经是我们社会构成的主体人群之一，也应成为老龄社会治理的重要主体之一。老年人群体蕴藏着丰富的人力资源，也有着多样的社会需求。因此，需要激发老年人的自我认知，提高老年人对自身价值的认识，发挥老年人的主观能动性并调动其参与社会的积极性。

科技创新是老龄社会治理的根本动力。面对人口老龄化和老龄社会治理，人们常常会把目光投向生育或延长退休年龄。然而，实践证明，应对人口老龄化，关键就是提高劳动生产率，而提高劳动生产率取决于总体教育水平、劳动力素质及科技创新能力。科技不是万能的，但离开科技应对人口老龄化是万万不能的。科技进步，劳动生产率提高，自然就有条件提高对非劳动人口的抚养能力。仅仅依靠鼓励生育或延长退休不可能轻易解决老龄化问题。唯有依靠科技进步，提高生产率才能使老龄化进程保持经济的活力和社会的和谐。当代技术进步对整个社会生产，尤其对就业产生着深刻影响。积极应对老龄化，化解老龄化带来的经济发展的压力、社保医保的冲击、劳动力短缺、老年人照料服务需求与供给矛盾等方面的问题，最根本的应对方式是要大力发展经济，而经济效率的提高和根本的驱动力在于科技进步，因而，加强科技创新发展，是科学、积极应对老龄化问题的必由之路[1]。

政策制度是老龄社会治理的关键路径。人口老龄化问题应对体系主要包括：从生命周期设计应对老龄化制度和政策；制定积极的人口、退休、休假政策；积极开发老年人力资源；建立健全涉老人才培养体系，打造敬老、孝老的社会环境；等等。要加强老龄科学研究，借鉴国际有益经验，搞好顶层设计，不断完善老年人家庭赡养和扶养、社会救助、社会福利、社会优待、宜居环境、社会参与等政策，增强政策制度的针对性、协调性、系统性。此外，需要健全老龄工作体制机制，全方位加强老龄工作。要适应时代要求创新思路，推动老龄工作向主动应对转变，向统筹协调转变，向加强全生命周期养老准备转变，向注重老年人物质文化需求、全面提升老年人生活质量转变。

---

[1] 韩振秋，老龄化问题应对研究——基于科技与社会的视角 [D]．北京：中共中央党校，2018: 105.

老龄事业产业是老龄社会治理的重要依托。我国老年群体数量庞大，老年人用品和服务需求巨大，老龄服务事业和产业发展空间十分广阔。要积极发展养老服务业，推进养老服务业制度、标准、设施、人才队伍建设，构建居家为基础、社区为依托、机构为补充、医养相结合的养老服务体系，更好满足老年人养老服务需求。要培育老龄产业新的增长点，完善相关规划和扶持政策。

五、小结

社会形态演变是我们认识和分析社会发展变迁、特征的一种视角和方式。老龄社会是人口老龄化带来人类社会构成变化，形成与之相适应的社会架构而呈现的人口社会形态；我国正在进入老龄社会，并将可能进入超级老龄社会。中国老龄社会治理面对治理对象认识不清、治理理念更新滞后、治理基础起点较低、治理方式创新不足等问题和挑战。中国老龄社会治理应树立"积极老龄化"发展理念，积极看待老龄社会，积极看待老年人，积极看待老年生活；坚持积极应对人口老龄化国家战略；加快实现"三个转向"，即从被动解决人口老龄化问题向主动、积极应对人口老龄化战略转变，从解决单纯的养老问题向全面综合应对人口老龄化转变，从解决老年人群体的问题向预先解决全体公民老年期的问题转变；积极应对人口老龄化，需着力将相应的思想观念、科技创新、政策制度、老龄事业产业等摆在重要位置。

第三章

智慧老龄社会：数字化与老龄化的社会未来

当前，社会数字化、智能化进程明显加快，智慧社会建设已成为我国社会发展趋势和重要建设任务。老龄化与数字化两大社会变革性力量并行交汇，老龄社会和智慧社会两种新型社会形态叠加演化，智慧老龄社会将成为当前及未来长期的时代特征之一，也应成为国家发展和国家治理的重要方向之一。

一、未来趋势：智慧老龄社会的技术应用

当前，科技创新与应用在快速变革经济发展方式等方面的同时，也在加速重构社会生活形态。智慧社会的发展已揭开序幕，并快速发展。面向老龄社会发展的各种技术开发和应用不断加快，为积极应对人口老龄化挑战、提升老龄社会治理能力和治理水平、增进社会福祉提供了新的可能。这一趋势主要呈现四大特点。

前瞻性引领。智慧老龄社会是在前沿科技创新引领下的"超智能社会"，强调要通过云计算、大数据、人工智能、物联网等技术，解

决老龄社会医疗健康、劳动力供给、养老服务等经济社会运行难题。基于新一代信息技术的单点突破和在具体领域的集成应用，数字技术正在加快赋能智慧城市智慧社会建设。例如，工业机器人、服务机器人等智能技术、智能设备的应用，正有效缓解少子老龄化带来的劳动力下降、人力资源成本上涨的压力，为提升社会生产、运行效率带来新的可能；诸如情感陪伴机器人、养老服务机器人、远程医疗系统等技术和产品的应用，则可为独居老人、居住在偏远地区的老人带来福祉提升。

融合性应用。在新一代信息技术的前瞻性引领下，智慧老龄社会将向物理世界与网络世界并行、现实社会与虚拟社会交叉融合的未来社会发展。2021年，"元宇宙"[1]概念引发社会各界关注和热议，作为联通物理世界和数字世界、融合虚拟与现实的下一代互联网发展概念，元宇宙或将重塑数字经济体系，重构人类生产生活方式。随着中老年群体互联网接入水平的提升，其生活、学习、娱乐、购物等都可以线上完成，元宇宙与老龄产业的融合或将成为具有划时代意义的历史进程。例如，来自美国退休人员协会的一项调查数据显示，美国50岁及以上中老年视频游戏玩家数量从2016年的4000万左右猛增至2019年的5100万左右，这意味着，短短的三年时间内，有超过1000万名50岁及以上的美国中老年人成为视频游戏玩家。仅2019年上半年，美国50岁及以上游戏玩家在视频游戏和配件上花费了35亿美元，远高于

---

[1] "元宇宙"（Metaverse）是利用科技手段进行链接与创造的，与现实世界映射与交互的虚拟世界，具备新型社会体系的数字生活空间。——编者注

2016年同期的5.23亿美元❶。从中或可看到，中老年群体正在成为概念游戏的消费主力军，元宇宙也隐含着老龄市场的大未来。

精准性供给。在社会"微粒化"的趋势下，智慧老龄社会通过数字化体系，不仅可以针对具体需求提供精准化、个性化服务，还将越来越具备有效预测潜在需求、高效实现服务供给的能力，以让所有人都能从智慧社会中获益。例如，随着大数据、人工智能等新一代信息技术与医疗、康复、护理服务的深度融合，通过对老年人生活环境进行实时感知以及对相关数据进行收集、处理和系统分析，已经诞生了诸如老年人防跌倒、防走失等智能应用；随着疾病、健康等数据的进一步融合共享、深度挖掘，对老年人健康预测预警、精准化提供健康管理与照护服务正逐步成为现实。

系统性影响。数字技术应用泛在化，是对社会运行的基础设施和基本环境的变革与重构，必然带来社会运行方式、规则、制度、伦理等全方位、系统性变革。作为社会运行的主体，每个个体都必须面对一个新的、数字化的社会。但在科技的创新与应用快速跃进之下，我们必须清楚，科技本身是中性的，但如何合理地应用科技，则包含着社会价值观、社会伦理的考量。面向智慧老龄社会，新技术特别是数字技术的研发和应用，应有助于提升包括老年人等弱势群体在内的全人群福利，而不能产生新鸿沟、带来新贫困、扩大不平等。本质上，我们必须思考数字时代、老龄时代人与技术、社会与技术、老年人与

---

❶ 赵钊，魏宇烽. 从《失控玩家》看元宇宙中的老龄市场与老龄社会［EB/OL］.（2021-12-04）［2022-03-05］. http://news.sohu.com/a/505561105_120099883.

老龄社会、老年人与智慧老龄社会之间的关系。

二、现实图景：老年人数字化生存状态异质分化

（一）老年群体的异质性

老年群体是随着低龄群体进入、高龄群体退出而持续更新的动态开放群体。其群体变迁在带来老年人口规模、年龄结构、性别结构等人口学变化的同时，也带来其群体健康水平、受教育水平、经济水平、养老观念、社会参与需求等诸多方面的变化，从而深刻影响着老龄社会的发展。因此，重视老年群体变迁，了解甚至预见该群体的新特征和新需求，是推动智慧老龄社会建设的关键。

我国当前人口队列中，老年群体以"40后""50后"为主，随着"60后"甚至是"70后"的逐步加入，老年群体将呈现全新的人口学、社会学、经济学特征，其中，有几点值得重视：

来自子女、家庭的社会支持相对较弱。研究表明，子女、配偶等带来的家庭和社会支持，对于提升老年期的生活状态与质量具有重要作用。调查数据显示："60后"老年人中，接近一半人员有一名子女，且未婚和离婚的比例相比"40后""50后"略高[1]。这将对老年人养老

---

[1] 王雪辉. 中国老年群体变迁及老龄政策理念转变［EB/OL］.（2022-07-07）［2022-03-21］. http://www.rmlt.com.cn/2020/0707/586136.shtml.

需求类型、社会支持获取、数字融入能力带来较大影响。

整体素质、经济条件相对较好。 相对于"40后""50后","60后"的成长环境相对平稳和安定,国家社会经济稳步上升,使得"60后"的身心健康素质较好、受教育程度得到明显提升、家庭收入水平也较高。这意味着"60后"具备相对更好的条件,以支持其融入智慧老龄社会。

互联网接入水平和使用频率较高。 能否使用互联网是评估老年人社会适应能力和接受新事物能力的重要指标。互联网的使用能力很大程度上决定了老年人的社会参与方式和养老选择,更能影响其在互联网时代的生活质量。2015年中国综合社会调查数据显示,超过20%的"60后"表示经常使用互联网,对新生事物的接受度明显高于"40后""50后"。此外,智慧养老将是未来必然的发展趋势,老年人使用互联网的能力将极大丰富其老年生活内容,提高其生活便利程度。

(二)老年人数字生存状态的分化

数据显示,截至2021年6月,我国网民规模为10.11亿人,与2019年6月相比新增加网民1.57亿人。互联网普及率为71.6%,与2019年6月相比提高了10.4%。其中,老年网民所占比例为12.2%,即老年网民数量有1.23亿人,与2019年6月相比新增老年网民数量6407万人[1]。可见,虽然老年网民比例相对年轻网民来说仍然较低,但老年人口"用

---

[1] 中国互联网络信息中心. 第48次《中国互联网络发展状况统计报告》[EB/OL].(2021-09-15)[2021-11-20]. http://www.cnnic.net.cn/hlwfzyj/hlwxzbg/hlwtjbg/202109/t20210915_71543.htm.

网"的数量在快速攀升，不论是主动还是被动，客观而言，数字融入的水平都在提升。

但同时，我们必须警惕以群体代表个体的简单化认知。数字技术扩散和应用并非匀质的和整齐划一的，"接入"互联网这一行为的背后，隐含着个体、社会、经济和技术的诸多影响因素。进一步把关注点放到老年群体内部，可以发现老年人群的内部正在分化，并区分为不同"数字阶层"。中国社科院的一项研究发现，随着后疫情时代数字生活的变化，老年人逐渐分化成四类群体："自由族""适应族""老宅族""碰壁族"❶。

专栏 3.1

老年人群内部的"数字阶层"分化

"自由族"，即数字素养好、适应能力强，不仅实现"二维码自由"，还能熟练使用网约车、手机导航等操作。

"适应族"，即在环境的倒逼机制下，掌握了查询健康码等生活出行办事的基本要求，保持了原有的生活方式。

"老宅族"，即被二维码困住了生活，不得不改变原有的生活方式，自觉地减少外出、避开需要使用智能手机扫码的公共场所，居家生活的时间大大延长。

---

❶ 夏宾. 社科院报告：老年人数字素养大幅提升，出现"信心溢出"效应［EB/OL］.（2021-09-25）[2022-03-01]. https://baijiahao.baidu.com/s?id=1711886331297928832&wfr=spider&for=pc.

> "碰壁族",即受到主客观因素的影响,不会使用智能手机和健康码,却没有改变自己的生活方式,在日常生活中经常碰壁,乃至于爆发冲突。
>
> ——中国社会科学院《后疫情时代的互联网适老化研究》,2021年9月25日

老年人群内部的"数字阶层"分化将是智慧老龄社会发展的重要趋势。不同的社会群体在数字空间的不平等与现实社会中的不平等密切相关,现有社会群体的差异会延伸和再现于数字空间中,"移动互联网并没有像乐观者设想的那样消弭差异,而是在一定程度上以数字参与的形式复制了现存各个群体的差异"[1]。

一方面,一批中老年"网红""数字精英"活跃于互联网,他们无疑是同龄人中能够积极与社会环境变化保持互动的一批人,具备与中青年网民无差异的数字化意识,能够无障碍地接入和使用移动互联网,自如地获取、利用、创造信息内容,并有较高的数字化信息素质与数字化凝聚力。另一方面,老年人中的"数字底层"仍然是数字社会里沉默的大多数,普通人习以为常的行为,对于他们却附着了巨大的经济和认知成本。

---

[1] 赵万里,谢榕. 数字不平等与社会分层:信息沟通技术的社会不平等效应探析[J]. 科学与社会,2020,10(1):32-45.

三、治理选择：构建老年人数字包容的基本框架

面对智慧老龄社会发展，社会应该如何关注老年人面临的数字鸿沟问题？从发现数字鸿沟问题开始，数字包容的理念就为人所提及并积极实践，经过二十多年的发展，这一理念正逐步融入发展和治理的过程。

（一）数字包容的理念

一般认为，"数字包容"（digital inclusion）一词的来源，可追溯至2000年7月，在日本召开的八国集团首脑峰会发布了《全球信息社会冲绳宪章》，提出了"任何人、任何地方都应该能够参与到，并受益于信息社会，而不应该被排除在外"的信息社会的包容性原则（the principle of inclusion）[1]。这一原则，一般被认为是"数字包容"一词的早期源头。

紧接着，2000年10月，"数字包容"一词直接出现在美国国家电信和信息管理局（NTIA）发布的报告《网络的落伍者：走向数字包容》中[2]，当时，这份报告虽然未对其作出概念界定，但是已经清晰地作为"数字鸿沟"的相对概念而使用，以应对数字鸿沟持续扩大的问题。

---

[1] Summit K. Okinawa Charter on Global Information Society [EB/OL]. (n.d.) [2022-03-04]. https://www.mofa.go.jp/policy/economy/summit/2000/documents/charter.html.

[2] National Telecommunication and Information Administration. Falling Through the Net: Toward Digital Inclusion [EB/OL]. (2002-02-15) [2022-03-04]. https://files.eric.ed.gov/fulltext/ED448966.pdf.

可见，数字包容这一理念最初被提出后，就进入了国际政策议程，具有很强的实践指导性和实际行动意味。虽然其至今仍然没有形成权威的定义，但从相关国际组织文件、研究文献和发展实践来看，主要有以下几个关注点。

着眼实践导向。数字包容的概念因数字鸿沟而产生，着眼于弥合数字鸿沟，因此具有较强的实践特征。随着互联网等基础设施的普及，大家在关注技术的获取、使用之外，更关心使用技术带来的效果。数字包容关注因年龄、性别、身体条件和社会阶层等差异而形成的不同群体接入和使用信息技术的差异、影响因素，以及数字创新对社会带来的影响。

确保技术接入和使用。国际电信联盟（ITU）曾将数字包容的概念界定为"确保所有人都享有包容、平等的信息通信技术使用权"。而随着数字技术的扩散与普及，数字包容中所强调的技术，已经超越常被提及的信息通信技术，而是包括各种新兴的数字技术，诸如智能手机、物联网设备、人工智能技术等。

促进社会参与。不少学者指出，数字包容的目的在于通过各种技术，帮助人们更好地参与社会活动（包括经济活动、教育活动等）。数字包容可以被理解为人们掌握应有的数字技术能力，从而能以最有价值的方式参与社会。数字欧洲咨询小组（e-Europe Advisory Group）指出，数字包容是个人和团体通过数字技术有效获取信息，并能够按照自己的意愿和能力去获取社会利益[1]。

---

[1] e-Europe Advisory Group. E-Inclusion: New challenges and policyrecommendations [EB/OL].（2005-07-15）[2022-07-25]. http://ec.europa.eu/information_society/eeurope/2005/all_about/einclusion/index_en.htm.

关注弱势群体。 数字包容的范围涵盖所有社会成员，原本处于边缘的弱势群体能够得到更多关注。数字包容意味着向未被服务和服务不足的人群和社区伸出援助之手。具体而言，这些应该被给予更多帮助、处于不利地位的人群包括残疾人、贫困人口、未受教育者、老年人等。

提升社会公平。 数字包容不仅关注技术的接入和使用能力，还越来越关注技术使用的效能。在数字包容的社会里，每个人都应该有条件也有能力使用互联网及其他新兴数字技术。数字技术的使用应成为缩小不平等的"促进器"，而非社会不平等的"放大器"。电子欧洲咨询小组认为，数字包容的内涵包括克服社会等级和地理区域差异，力求实现所有人的机会均等。

当前，在应对数字鸿沟的过程中，数字包容的概念和理念已被越来越多的提及。世界主要国家在数字化进程中日益重视数字鸿沟的治理工作，并将数字包容作为重要政策与社会议题，纳入国家和社会治理活动中。智慧老龄社会条件下，本书把讨论的重心放在应对老年人数字鸿沟，建设数字包容的智慧老龄社会这一议题上。

（二）建设数字包容的智慧老龄社会的重要意义

1. 建设数字包容的智慧老龄社会是我国国家战略与国际社会共同价值理念的共同要求

当前，弥合代际数字鸿沟、促进老年人数字包容、提升老年人生活质量，成为数字化时代的重要议题。国际社会普遍认为应当促使科学技术与老龄社会协调发展，让老年人获取数字技术并有意义地参与数字世界，共享科技创新成果。无论是1982年老龄问题世界大会发布的《维也纳老龄问题国际行动计划》、1991年联合国大会通过的《联合国老年人原则》、2002年第二次老龄问题世界大会发布的《马德里老龄问题国际行动计划》，还是近年来联合国、世界卫生组织等国际组织发布的《变革我们的世界：2030年可持续发展议程》《数据和创新：数字卫生保健全球战略（草案）》《互联网普遍性指标——互联网发展评估框架》等，这些宣言和行动建议都反映了以人为本、普遍平等、年龄友好等基本价值理念。在数字化进程中，这些具有普适性的价值理念被赋予了数字公平、数字包容的新内涵。

为应对人口老龄化加速的严峻挑战，中国响应世界卫生组织"积极老龄化"的倡议，从国家战略高度提出了"数字中国""网络强国"等。为满足未来亿万老年人对美好生活的新期待，亟须秉持"人民至上"的人本理念，让科技持续为老年人赋能，让全体老年人有机会、有能力适应和参与社会进步，进而实现老龄社会的共建共享共治，构建一个数字包容的智慧老龄社会。

2. 建设数字包容的智慧老龄社会是积极应对人口老龄化国家战略的重要举措

我国实施"积极应对人口老龄化国家战略"，把应对人口老龄化作为当前和今后一个时期关系全局的重大战略任务进行统筹谋划、系统施策。

构建数字包容的智慧老龄社会是积极应对人口老龄化国家战略的具体要求。为了推动技术应用与老年人数字化能力之间的协调发展，推进老年人数字鸿沟治理，2019年11月，中共中央、国务院印发的《国家积极应对人口老龄化中长期规划》提出"强化应对人口老龄化的科技创新能力",并提出"把技术创新作为积极应对人口老龄化的第一动力和战略支撑"。构建数字包容的智慧老龄社会,让科技赋能造福老年人,不仅能够促进老龄人口的健康和福祉,也有助于全面提升国民经济产业体系智能化水平,进而实现老龄社会的共建共治共享。

3. 建设数字包容的智慧老龄社会是落实共同富裕发展目标的具体要求

共同富裕是社会主义的本质要求,其实质是全体人民共创日益发达、领先世界的生产力水平,共享日益幸福而美好的生活[1]。当代中国要推进共同富裕,离不开数字经济的发展,亟须依托数字经济的高技术特征和分享性特征实现高质量发展,与此同时促进实现共同富裕要求解决老年人"数字鸿沟"等数字经济发展带来的增长和发展不平衡不充分的问题。

老年人被视为这个数字时代的弱势群体。尽管从第七次全国人口普查结果看,中国老年人口的质量不断提升,使用互联网的比例显著提高,但仍有许多老年人因缺乏对现代科技的适应力和掌控力而在日常生活中经历表达缺失、行为受阻的负面冲击。

构建智慧老龄社会,加强老年人数字鸿沟治理,是对数字经济发展中重大需求的回应,也是缩小数字鸿沟的必然方向,其中可以产生一些多跨场景,也必然涉及诸多体制机制改革,可能成为数字化改革中的最佳应用,并形成一批实践成果、理论成果和制度成果,将有助于保障不同群体更好共享数字福利,助力高质量发展建设共同富裕。

---

[1] 刘诚,夏杰长. 数字经济助推共同富裕[N]. 光明日报,2021-08-24(11).

2021年6月，《中共中央　国务院关于支持浙江高质量发展建设共同富裕示范区的意见》提出，要"深化国家数字经济创新发展试验区建设，强化'云上浙江'和数字强省基础支撑，探索消除数字鸿沟的有效路径"。

4. 建设数字包容的智慧老龄社会是未来养老趋势与中国传统敬老文化的发展融合

尊老、敬老、爱老是中华民族的优良传统，而智慧养老是全球未来养老的一个重要趋势。构建智慧老龄社会必须尊重老年人，有效保障老年人合法权益，同时需要帮助老年人融入智慧社会。这既体现了对老年人的尊重，也顺应了未来养老趋势。

自古以来，中国社会深受儒家思想影响，有着深厚的敬老文化底蕴，对尊老、敬老给予了很高的评价和肯定。传统意义上，中国的敬老文化构建于血缘关系上，是子女对父母的一种善行和美德，也是晚辈在处理与长辈关系时必须遵守的行为规范，维系着家庭和睦与社会稳定。随着社会不断发展前进，敬老文化也得到了丰富，被赋予了新的时代内容。进入数字时代，应当构建与现代文明社会及未来养老趋势相适应的敬老文化。

数字时代的养老存在多样化、多层次的发展趋势，敬老除了需要加强智能设备和服务的适老化建设，着力消除老年人的数字鸿沟，更要切实尊重老年人自主选择权，重视老年人的实际需求，保留传统"关怀老年人"的方式与渠道，维护老年人生命尊严，提升老年福祉。构建智慧老龄社会能较好融合未来养老趋势与中国传统敬老文化。

(三）老年人数字包容的基本框架

坚持以人民为中心的发展思想。无论是网络强国、数字中国战略，还是积极应对人口老龄化战略，都体现着党和国家以人民为中心的价值立场和实践原则。具体到老年人数字包容基本框架，就必须通过将老年人置于治理过程的核心，以弥合老年人数字鸿沟、促进老年人数字融入。

形成整体性治理格局。建设智慧老龄社会不单单是一个技术创新的过程，甚至不主要是技术的创新，更牵涉产业投资和经济发展、社会机制和社会生活的构造、制度建设和公共管理体制建设。进一步看，这一过程还包括伦理、价值、生命观等综合内容，包括对具体社会文化环境的影响。智慧老龄社会需要依托科技进步，更需要超越科技进步，需要涵盖技术、社会、经济、制度等方方面面的整体性建设。在这一过程中，政府、市场、社会、家庭和个人等多元主体必须构建起全面协同的伙伴关系，发挥政府的主导性作用，营造公平有序的市场环境，引入非营利组织和社会企业等力量，激发家庭和个人的主动性力量，确保老年人拥有全面普惠、平等的数字机遇。

增强数字基础设施的可及性和适老性。人类已经开启数字化大迁徙，将人们的生产生活从物理世界迁徙到数字世界。数字基础设施正是这个新世界运行所赖以生存的技术和物质条件，未来10年，将是新型数字基础设施的安装期。以物联网、云计算、边缘计算、人工智能、移动化、数字孪生等为代表的智能技术群落，将不断融合、叠加和迭代升级，为未来经济发展提供高经济性、高可用性、高可靠性的技术底座[1]。毫无疑问，老年人如果不能像年轻人一样接入、利用数字基础设施，并从中获益，他们将面临巨大的代际矛盾、代际不平等。如果不考虑人群、城乡、区域之间的数字鸿沟，社会将出现新的"数字贫困"问题。增强数字基础设施的可及性和适老化水平，是实现老年人数字包容的基础和前提。

提升公民数字素养与技能。数字素养与技能是数字社会公民学习工作生活应具备的一系列素质与能力的集合。提升全民数字素养与技能，是弥合数字鸿沟、促进数字包容的关键举措。当前，全球主要国家和地区把提升国民数字素养与技能作为谋求竞争新优势的战略方向，纷纷出台战略规划，开展面向国民的数字技能培训，提升人力资本水平。

发展智慧老龄经济。"只要数字经济应用得当，就可以让全世界的老年人保持独立、活跃，并工作更长的时间。医疗保健、远程医疗解决方案、交通和城市生活的进步将只是老年人从数字经济中受益的一些方式"[2]。更广泛地说，数字技术正在赋能国家治理、经济运行以及直接服务于老年人的需求，并有助于培育智慧老龄经济环境。

加强包容性科技创新。只有投入提升人类福祉的实践之中，"科技向善"才能真正落到实处。运用科技增加社会福祉，用社会诉求推动科技创新，科技与社会耦合共生、缺一不可。针对数字技术革命可

---

[1] 安筱鹏，肖利华. 数字基建：通向数字孪生世界的迁徙之路 [M]. 北京：电子工业出版社. 2021: 8.
[2] OECD. Promoting Active Ageing in the Digital Economy [R]. 2005.

能进一步造成数字鸿沟、社会阶层差距扩大等不平等的问题,科技创新需强化价值创造,提升全民福祉的普惠型科技创新导向,引导科技主体开展更多贴近人民生活、满足群众需求的包容性创新。

完善老年社会支持和参与体系。来自家庭、亲友和社会其他方面(团体、社区等)的精神和物质上的慰藉、关怀、尊重和帮助,对提升老年人的主观幸福感、生活质量至关重要。支持老年人社会参与是提升老年人生活质量的有效举措,也是社会与老年人个体共同发展的重要途径。社会支持和社会参与是实现老年人数字包容性发展的重要路径。

四、小结

数字化与老龄化趋势下,未来社会将呈现智慧老龄社会的耦合发展态势。智慧老龄社会的技术应用呈现出前瞻性引领、融合性应用、精准性供给、系统性影响的特点和趋势,老年人难以置身于外。然而现实世界中,老年人群体呈现的是一副异质分化的数字化生存状态。老年人整体网民数量快速增长的同时,群体内部的异质性、经济社会因素的交织影响,使得一部分老年人能够融入智慧社会,紧跟时代发展的步伐,另一部分老年人则在数字化大潮中落后、被排斥。面对这种分化,未来智慧老龄社会的发展过程中,社会应该从更高的程度去关注老年人面临的数字鸿沟问题,从发展和治理的角度,构建起数字包容的基本框架,包括坚持以人民为中心的发展思想、形成整体性治理格局、增强数字基础设施的可及性和适老性、提升公民数字素养与技能、发展智慧老龄经济、加强包容性科技创新、完善老年社会支持和参与体系等。

机遇篇

老年人数字福祉提升

数字技术发展、智慧社会建设为应对老龄社会问题提供重要机遇。数字化发展从智慧生活服务、智慧公共服务、智慧老龄服务等方面,为老年人福祉提升带来数字红利。

第四章

老年人乐享智慧生活服务

老年是每个人所必经的生命阶段，老年人是社会发展中的一个重要群体。互联网技术的发展已将社会带入一个全新的数字化时代。老年人的智慧生活服务融入一直被认为是一大难题。然而，在我们看不到的另一端，老年人的数字化进程正在不断发展，老年人上网率迅速攀升，积极享受智慧生活服务。因此，是时候更新观念，重新了解不同数字生活领域的老年人参与，重新分析老年人在智慧生活中的行为。

一、社交媒体

在当今这股数字化浪潮中，纵然老年人受心理、生理条件所限制，在数字社交媒介接受中表现出一定的不适性，但老年人数字化进程已跨越了起飞点，老年人群体也在积极拥抱数字化新生活。

（一）社交媒体发展

社交媒体是指基于互联网技术基础上的一种用户关系的内容生产

与交换的门户[1]。与传统媒体相比，社交媒体具有更新及时的优点，即用户在信息发布的第一时间就可以接收到外界的反馈信息，并根据反馈进行进一步的行为。常见的社交媒体主要包括微博、微信、抖音及知识平台等。

1. 社交媒体特征[2]

参与性：社交媒体作为一种互动平台，使得传统单一的交流变为双向互动，公众参与话题的讨论与交流的积极性加强。

公开性：社交媒介的内容没有受众限制，除前提限制，对任何公众可见。

即时性：传统媒体信息的内容从传播者到大众存在一定的时间差，而社交媒体不仅信息传播的时效性很高，其传播对象还可以直接对信息内容进行回复，表达自己的观点，从而具备互动的即时性。

团体化：在社交媒介中，人们可以通过相同的兴趣相互接近、相互了解后形成一个稳定的团体，进行持续性的交流。

2. 社交媒体现状

社交媒体软件不断增多。随着信息化的发展，传统媒体已无法满足大众需求，直播、视频拍摄等形式的出现，更促进了社交媒体软件的数量增长。网络直播形式，不仅拓宽了受众的视野，而且进一步满足了受众的多样性需求。正是因为社交媒体互动性强的优势，网络直播越来越受大众欢迎，社交媒体的直播平台不断多样化。

---

[1] 吴春颖. 基于网络的社交媒体浅析 [J]. 福建电脑, 2018, 34（11）: 8-9.
[2] 刘珂. 浅析国内社交媒体的发展现状 [J]. 艺术科技, 2019, 32（7）: 123.

社交媒体的内容将更加开放。传统社交媒体使得大众信息接收被动且信息质量水平参差不齐。近几年,社交媒体的内容价值不断提升,内容逐渐深度化,自媒体和自由撰稿人的队伍不断壮大。自媒体传播方式多元化也展现出社交媒体的功能在不断丰富,例如公益众筹捐款、提倡绿色生态环境保护等。未来,社交媒体平台的内容边界会不断拓展,更多诸如财经、科普与文化等知识化内容也会有更大的发展空间。

社交媒体呈现出专业性分化。当今,大众更倾向于在社交媒体中寻求共鸣。在相关信息发布后,通过对关键词的搜索,大众可以针对相关问题进行讨论。这个过程中涉及各行各业的人员,人们针对具体问题提供有效信息,从而凸显出问题的实质,推动社交媒体专业化发展。同时,对于拓展性的问题,不同阅历的社交群体可以从多方视角出发进行思考,从而提供有效解决措施。

社交媒体技术创新化。大数据和第五代移动通信技术(5G)发展为场景创新、互动创新奠定技术基础。在未来的社交媒体中,大众的交流方式将不再局限于文字、图片、表情、语音,可以体验更为逼真的三维(3D)效果,与自己的好友感受直接的交流互动。新技术的发展及应用,为社交媒体提供创新化基础,社交媒体将从单一固化的模式,不断融合创新,成为一个有强大技术支撑的网络平台。

(二)老年人参与现状

微信是老年人与新科技的一个交点。一方面,微信是大部分老年人接触网络的起点，是老年人数字生活面貌的主要体现。另一方面，微信可以展现出当下社会网络、家庭关系的变迁，是老年人社交生活的重要部分。

老年人的微信接入率高，应用积极性强。微信是移动时代的"入门级应用"。微信的社交、信息等功能实用性较强，且操作简单。对于数字技能较弱的老年人，微信成为他们接触网络的开端。

老年群体社交圈以家人为主。从微信使用上，可发现老年群体联系时主要将家人置于第一位，老年人微信朋友圈点赞和评论时也将家人列为第一位。老年人微信技能的掌握程度对其使用行为产生一定的影响，但老年群体在社交媒体生活，将家人置于第一位置，社交圈相对较为狭窄。

社交功能使用三级跳：社交—信息—支付。由于老年群体的特殊属性，老年人在微信使用方面，在功能掌握上出现了"社交—信息—支付"的"三级跳"现象。第一级：社交类功能，会使用该部分功能的老年人比例在85%左右。第二级：信息类功能，会使用该部分功能的老年人比例下降到了65%。第三级：支付类功能，会使用该部分功能的老年人比例再下降一个台阶，降到了50%。老年人生理及心理特性使得老年人在微信功能的选择上也存在一定的群体偏差。

（三）社交媒体对老年人的影响

关系维护。在媒介情境中，微信中老年用户自我表露的对象主要是亲友、同学等熟人。老年人关系网络往往包括同学、以前的同事等。为了维护这些关系网络,以往老年人主要是通过电话进行沟通,社交媒体解决了这个问题,只要有网络,老年用户就可以通过社交媒体与远距离、无法见面的朋友建立社会联系。一部分老年人与子女孙辈相距较远,视频聊天比起打电话更能满足这些老年人的需求,可以直观地看到对方的现状,更加立体地进行自我表露和反馈,而不是只能从只言片语中去推测。一般来说,近距离的亲朋好友互动更加密切,也方便了与近距离的朋友约定线下聚会。维系人际关系的实现可以使老年用户心情愉悦。与传统社交方式相比,先进的社交方式使老年人感知到生活质量的提升。老年用户不仅频繁地发送信息,不断地刷屏,还期待有人喜欢、评论和分享。如果得不到互动和反馈,他们就会迷失方向;反之,他们就会获得强烈的满足感和成就感。

信息获取。老年用户通过智能手机接入无线网络,创造、接收、传输并分享信息。微信在平台建设中集成了信息检索、信息服务和信息订阅等功能。用户可以通过内置的搜索引擎检索信息,通过检索技术实现对需求信息的检索、导航和获取,通过订阅和关注功能选择所需信息。此外,老年用户可以通过朋友间的知识共享来帮助他人,给他人带来正能量和快乐,为帮助他人贡献自己的一点力量。老年人通过表露自我分享信息,使得个体的自由得到更进一步的保障,人际关系得到维护,保障可能存在的社会福利,例如健康医疗等,从而提升老年用户生活水平。

减少孤独感。老年用户退出工作以后,开始与社会产生隔离,身体功能衰退,人际关系变淡,家庭地位下降,生活、娱乐等手段难以和年轻人相比，难免产生孤独感，自我效能感大大降低。通过微信去进行自我表露为他们提供了思考、比较、选择与综合的机会，从而调整情绪状态和生理状态；帮助他们维系人际关系，联系家庭成员，满足消费、娱乐活动的需求，在自我与他者的互动中提升对自我的认识。在媒介环境已然发生剧变之时，积极的年长者已经开始在媒介环境的影响与自身孤独感的驱动下主动学习，尝试着用相对开放的心态拥抱新媒体，进行着媒介生产的自我赋权，减少孤独感，提升自我效能[1]。

娱乐休闲。社交媒体具有"去中心化""双向交流"等机制特点，成员可以完全打破物理空间的限制，打破原来的以地域为中心的文化传播形态，通过虚拟空间获取信息、产生交往、寻求乐趣。老年人日常生活节奏慢，而社交媒体作为一个信息获取、交流、共享的平台，帮助老年人消磨时间。娱乐需求是老年用户使用社交媒体的重要原因之一，老年用户的娱乐需求使得其不仅将微信作为通信工具，更期望通过微信进行更多的娱乐活动。微信这一对于年轻人来说简单的工具，在老年人看来却也是一种高科技的象征符号。

二、线上购物

近年来，我国老年人口比重不断增长，老年可支配收入逐渐提升。新

---

[1] 王心妍. 微信老年用户自我表露行为及动机研究［D］. 西南交通大学，2020.

冠肺炎疫情进一步加速了数字经济发展，数字经济发展加速与我国人口老龄化叠加。线上购物的发展，更加拉动老年人群体加入数字化生活。

（一）线上购物发展现状

线上购物是网络零售商与网络消费者之间利用互联网进行物品交易的活动。

线上购物市场规模不断扩大。国家统计局数据显示，2021年，全国网络零售额为13.1万亿元，2015—2021年年均增速高达22.5%；其中，实物商品网络零售额达10.8万亿元，首次突破10万亿元，对社会消费品零售总额增长的贡献率为23.6%。中国网络零售额的快速增长与移动终端和移动网络的普及密切相关。一方面，移动终端的不断普及，使得移动网民群体不断扩大，这为移动购物的发展创造了有利的基础条件。另一方面，移动网络，尤其是第四代移动通信技术（4G）、无线网络的加速普及，包括未来5G业务的兴起，将为移动电商的发展提供坚实的基础[1]。

市场结构不断优化。线上市场商品种类多且数量大，在满足消费者个性化与差异化方面具有较大优势。网络消费者对商品质量和服务质量的诉求越来越高将促进线上市场的快速发展。随着网络消费者的网络消费意识和理性消费意识的不断提升，他们在做出购买决策时更加严谨，这使得大型平台更加注重细节，积极构建成熟安全的支付体

---

[1] 苏会燕. 中国移动电商的现状和发展展望［J］. 广告大观（综合版），2013（5）：26-27.

系，从而打造超一流的购物体验，进一步打响品牌知名度，收获顾客信任和顾客满意度，凭借正面效应进一步扩大消费人群量❶。

未来线上购物将不断扩大其优势，发展全新技术，积极搭建更加完善的数字化购物平台。技术赋能令线上购物发展增速。购物终端多样化发展，令消费者线上购物更加便捷。目前手机、电脑、电视都已经成为网络销售的终端。同时，门户网站、视频网站、社交网站、搜索引擎及信用卡商城也成为越来越多消费者的购物渠道。

线上线下互补化发展。因为线上渠道和线下渠道存在着利益冲突，很多人认为两者是竞争对立关系。两者的利益如何平衡，是一个资源整合利用的问题。网络零售衔接的前端界面需要后端众多资源整合来支撑，包括产品的供应链、产品的制造过程、网络营销及网络技术。传统实体零售和网络零售的冲突归根结底是渠道商利益的冲突。若是网络零售与实体零售各自销售特定产品，双方存在一定的差异化消费人群，两种模式可以在一定程度上实现互补。线上渠道和线下渠道的结合，是一个必然的发展趋势。因为消费者的需求多样化，一种模式不可能满足所有的需求。

（二）老年人参与现状

过去十年，老年人口收入不断增长，养老保障体系完善化，老年人拥有了更多可支配的时间和退休金，生活方式更加积极和主动化。

---

❶ 魏盼英. 中国网络零售的发展现状及其对中国消费者消费方式的影响研究 [D]. 中国海洋大学，2015.

2020年《老年人数字生活报告》显示，新冠肺炎疫情以来，中国60岁及以上的老年人加速拥抱数字生活，2020年三季度老年人手淘月活跃度同比增速远超其他年龄组，高出整体29.7%。老年群体消费金额三年复合增长率达20.9%，新冠肺炎疫情期间消费增速位列第二，仅次于"00后"，消费潜力不容小觑。

老年群体消费属性明显，食品是他们网购时的偏好品类。60岁及以上用户食品消费订单增速最快，线上购买习惯逐渐稳定化，且人均月消费金额逐渐上涨。另外，老年人的消费支出主要用于孙辈、保健养生、医疗护理、休闲服务、饮食和居住空间品质改善方面。

城市和农村老年人线上购物习惯存在差异。城市老年人的线上购物参与率远高于农村老年人。同时，城市老年人线上购物的参与频率及深度也远高于农村老年人。城市老年人与农村老年人线上购物的购物行为与购物方式也存在一定的差异。

（三）线上购物对老年人的影响

老年人生活便利度提升。数据显示，我国正在进入老龄社会，老年人的比例越来越高，而且子女大都不在老年人身边。线上购物是老年群体提高生活品质，拓宽认知及消费范围，甚至是保证不落后于这个时代的重要方式。经过一段时间的探索和积累，各大互联网电商平台也在不断优化更迭，消费体验及易用性等各方面都在增强，这也为老年人线上消费提供了良好的基础条件。目前，已经有越来越多的中老年人正在追赶时代的脚步，互联网线上消费已经融入了老年人的晚年生活，成为这一消费群体充实生活、享受生活的重要工具。

老年人购物幸福感增强。老年群体已经成为线上购物的一个重要消费群体，其消费需求量与内容不断提升。线上购物给老年群体带来便利，同时也帮助老年群体在同子女与社会的交互过程中，满足生活需求，提升个人能力。在同各方的接触下，老年人的线上购物更加舒心，在数字生活中获得了更加充实的幸福感。

三、数字文娱

随着数字技术与文化领域的融合发展，以数字出版、数字影音、游戏动漫、智慧旅游等业态为代表的数字文化产业正日益成为文化产业发展的重点领域和中国数字经济的重要组成部分。老年人在日常生活中对数字文娱的需求不断增长，老年人也成为市场中的一个重要群体。

（一）数字文娱发展

数字经济背景下，文化创意已然成为一种新的经济生产要素，其对经济增长而言是内生的，转变经济发展方式过程中，文化创新与技术创新同等重要，需要"数字技术"和"文化创意"两条腿走路。❶

---

❶ 李凤亮，潘道远. 文化创意与经济增长：数字经济时代的新关系构建 [J]. 山东大学学报（哲学社会科学版），2018（1）：77-83.

数字出版网络化。如今，人们通过网络付费便可购买所需小说或者文献，并且足不出户便可登录电子图书馆查询所需资料。在数字技术的影响下，人们的阅读方式和获取文化知识的渠道发生了深刻变化，数字技术在出版领域正在展现出蓬勃发展的前景。

数字出版智能化。人工智能和大数据技术融入出版业，推动出版业的进一步转型升级。当前，纸质图书出版遇到阻碍，纸数融合、纸电一体的全媒体出版产品服务将成为未来图书出版的主要形态，从而积极推动出版业的传承与复兴。积极借助科学技术与互联网大数据，将读者阅读行为转变成流量和数据，有利于进一步提升出版业的服务精准化，促进出版业收益增加。5G和智能技术的发展，进一步推动智慧互联生活和社会的发展，为出版业提供了更多的场景应用，促进出版业形态的更替，使数字出版逐渐转变成现实和虚拟共存的智能出版业态[1]。

数字影音产业多元化。数字技术的大发展，同样在深刻改变着人们对音乐、视频等文化娱乐产品的获取方式。传统技术具有难于储存、无法回放等缺点，正在被数字影音技术所超越。数字影音因其具有传输画面高清、内容丰富多样、自主选择范围广泛的优点，成为重要的娱乐消遣方式。

游戏动漫产业发展增速。以"90后""00后"为代表的年轻一代逐渐走上工作岗位，成为社会主要消费群体，他们对网络游戏和动漫

---

[1] 牛壮壮. 我国数字文化产业发展现状及趋势——以数字出版为例 [J]. 中国产经，2020（2）：53-55.

的接受认可程度更高，中国的游戏动漫市场迎来了前所未有的黄金时代。同时，相关政策的出台也进一步推进了游戏动漫产业的转型升级。游戏动漫产业营业收入不断增长，手游成为部分互联网企业的重要收入来源。

生态化竞争成熟化。现阶段，数字技术的进一步发展和用户消费需求的多元化发展在一定程度上改变了数字文化产业生态化竞争环境。单体竞争现象降低，行业资源和主体等内容整合不断加强。融合是数字文化产业发展的核心所在，多样化的产品供给不断提高了用户选择标准，仅仅是行业内部的融合已经不能满足市场的变化。数字文化产业发展需要进一步促进高层次生态竞争趋势的融合，提升优质作品数量。

以优势产业为基础的全产业化。诸多的数字文化企业，特别是大型数字文化企业，由于其实力较强，产业链设置科学，能够对产业环节予以控制，让产业链能够得到较好的延伸；对数字文化内容价值进行全面开发，避免市场风险的产生。同时，以优势产业为基础，积极促进新兴技术在领域的发展；积极提升核心竞争力，以全产业链发展战略为基础，以核心业务、优势领域为中心，积极拓展衍生产业，促进新产业发展[1]。

（二）老年人参与现状

数字文娱便利性增强参与。老年人由于身体机能的不断下降、活

---

[1] 潘道远，李凤亮. 区块链与文化产业——数字经济的新实践趋势[J]. 文化产业研究，2019（1）：2-13.

动范围的不断缩小，他们中的大多数不愿意长途跋涉，参与一些距离其生活范围较远的公共文化服务活动。数字文娱供给应尽可能地考虑活动场所设施的便利性和活动场所地点安排的就近性，尤其是针对一些残疾老年人的文化服务供给，应体现出其应有的便利性，从而吸引更多老年人参与公共文化服务活动，实现老年公共文娱服务的真正价值。

文娱活动参与多样化。老年人在退休后有着相对充分的闲暇时间，这使得他们对文化娱乐服务的需求更为旺盛。因此，数字文娱根据每个老年人的身体状况、受教育水平、退休前从事的工作、兴趣爱好、经济水平等情况，提供更加多样化的服务。数字文娱在老年人公共文化服务的供给上，应充分考虑老年人需求的差异性，尽可能提供多种形式的公共文化服务活动，从而使得老年人的参与多样化不断提升。

文娱活动参与组织化。一个区域范围内的老年人由于物理距离较近，加上时间的充裕，常常成为一个易于被组织的群体。所以，数字文娱在老年公共文化服务供给上应积极引导老年兴趣组织、志愿者组织等的形成，并制定有效措施，鼓励更多的老年人参与，通过组织的互助合作来积极促进老年文娱活动组织化。

（三）数字文娱对老年人的影响

帮助老年人摆脱心理孤独。老年人可通过参与文化活动，扩大个人的人际交往范围，从而摆脱心理孤独，保持身体健康。当人进入老年期后，生活会面临一系列变化，如角色上的变化、生活环境的变化等，这些变化容易引起老年人的心理孤独，而心理孤独会对其生理健康产生不利影响。所以，提供老年人喜闻乐见的公共文化服务，可以将老年人带入集体活动中，使其在集体中适应角色及环境的转变，摆脱心理孤独，进而保持生理上的健康。

满足老年人精神需求。老年人拥有大量闲暇时间，这使得他们对文化的需求极为旺盛。老年人公共文化服务针对老年人的文化偏好，关注老年人的差别性需求，有利于满足老年人的文化需求，充实精神境界，陶冶情操，从而实现"老有所乐、老有所得"的目标。

老年人公共文化服务供给得到保障。老年人是公共文化服务的重点对象，数字文娱对于推动公共文化服务供给的完善和整个现代公共文化服务体系的构建有着重要意义。老年人公共文化服务的供给不仅关系到老年人生活质量的提高，也关系到老年人精神文化需求的满足。

四、智能出行

当"智能化"时代来临，社会的老龄化程度也在加深。数字化出行在为老年人出行带来便利的同时，也带来了巨大的挑战。了解老年人的智能出行现状，扩大老年人的出行活动范围和增强老年人出行便利性，成为社会数字化所关注的重要内容。

（一）智能出行发展

随着全球新一轮科技革命和产业变革加速演进，人工智能、大数据、云计算、物联网、区块链、5G、边缘计算等新技术应用方兴未艾，新冠肺炎疫情更是直接推动了数字经济的蓬勃发展。智能出行是交通强国建设的战略方向，也是智慧城市建设的重要内容。以科技创新的力量推动企业动力变革、效率变革、质量变革，切实增强企业竞争力、创新力、控制力、影响力和抗风险能力，实现数字化转型，发展智能出行将是必然的趋势。

从劳动密集型企业向技术密集型企业转变。过去，交通运输企业多为劳动密集型企业，职工数量多，一线职工也多。未来，数字化将推动智能出行新的发展，由原来注重规模和数量向注重质量和效能转变，更强调灵活化、敏捷化。

从出行服务向综合服务转变。过去，交通发展模式较为单一，除提供正常客运服务，鲜有其他支撑性业务。未来，随着数字化技术的进一步发展，交通运输企业将为出行新需求提供更加广阔的服务，以智能出行手机软件（App）为基础，以满足大众出行服务为主线，以综合服务为主旨，推动出行智能化。

组织形式从垂直化向扁平化转变。智能出行强调点到点、端到端，这就要求做到组织体系设计移动化、数字化、网络化、敏捷化。智能出行需要全业务的数字化、全领域的数字化、全流程的数字化、全员的数字化，需要实现生产执行的精益化、操作的集中化，从而进一步实现组织的变革、管理的变革、业务的变革、流程的变革。因此，对于出行系统而言，其发展实质上是进行一场以乘客为中心的变革。因此，智能出行的本质就是以乘客为中心，重塑企业战略和商业模式，重新定义服务和产品，重构文化、组织和流程。

（二）老年人参与现状

老年人开始积极接入智能出行，形成智能出行习惯。网络约车、支付车费一般都是使用智能手机操作，这对很多不会使用智能手机的老年人来说，需要一个学习的过程。所以，在老年人接入智能出行前期，一般都由家人代为约车，司机只要知道老年人在哪里候车、到哪里下车就行了，这些信息都可以由老年人的子女在出行平台上操作完成，不用老年人费心。后期，在进行学习之后，玩转智能手机的老年人开始轻松学会网络约车。他们不仅懂得自行约车，同时还懂得对司机进行点评。可见，老年人虽然受一些使用技能的制约，但其也在积极接入智能出行，养成智能出行习惯。

城乡老年群体出行习惯存在差距。由于城市老年人接触数字生活早，相应的城市配套设施比较完善，其智能出行率及后期的智能出行接受度远高于农村地区。据2020年的一项调查显示：新冠肺炎疫情期间，农村老年人的出行率较平时缩减70%，而城市老年人的出行率的降低程度较低。同时，对智能出行的相应调查显示，农村老年人的智能出行意愿远低于城市老年人。城市老年人与农村老年人在智能出行之间因基础设施而存在的差异，受新冠肺炎疫情影响进一步扩大。

（三）智能出行对老年人的影响

1. 老年人的出行便捷度提升

我国的经济、社会、文化建设进入高速发展阶段，与此相随的互联网、数字化、智能化进程也改变了人们的生活方式。对于老年人来说，他们在日常生活中适应数字化发展之后，也能从中感受到数字化带来的便捷。在出行方面，老年人使用一部智能手机就可以解决，网上购票、自助取票等都可以提升老年人出行的便捷度。智能成为便利工具，更从老年人的切实出行需求出发，提升老年人群体的出行效能感。

2. 老年人出行社会关怀增强

我国正在步入老龄社会，在线上、线下日趋融合的当下，智能出行规划更需着眼长远，充分保障老年人的社会需求、权利和尊严。数字技术的发展应该秉承包容与多元化的原则，这是推进老年友好型社会建设的必然要求，即在数字技术发展的同时，为老年人提供一个便利、安全、温暖的社会环境。开设"非智能化便利通道"，减少老年人在生活当中的困扰和麻烦，帮助老年人解决实际面对的困难，正是对老年群体的特殊性关注，从而让老年人在出行中更有安全感、幸福感、获得感。

五、小结

中国互联网技术突飞猛进，其应用快速深入个体日常生活的方方面面，日益增长的老年群体将成为互联网和数字社会人口结构的重要部分。老年人的数字生活参与意识与程度不断提高，开始积极接入数字化生活方式。未来，中国数字社会的建设需要在包容性层面投入更多力量。老年人群体也会用其方式参与到数字生活中，促进其生活的幸福感与满足感的提升。

5

第五章

老年人乐享智慧公共服务

随着互联网数字化进程不断加快，政府积极提出数字化服务发展战略，以期借助数字技术实现职能和公共服务的低成本化和高效率化。政府积极开展公共服务转型，提供更加便捷的公共服务，其中，老年人作为互联网接受能力较弱人群，也在积极参与公共服务。

一、老年人与智慧政务

（一）智慧政务发展

为推进政府信息公开，2013年以来，政府不断创新政务发布形式，积极探索多种渠道，打通了政务微博、政务微信和政务客户端等政务发布渠道。此后，我国政务新媒体建设和政务传播不断发展。2018年12月27日，《国务院办公厅关于推进政务新媒体健康有序发展的意见》中提出"努力建设利企便民、亮点纷呈、人民满意的'指尖上的网上政府'"。2022年，全国政务新媒体呈现出规范发展、创新发展、融合发展的新格局。多地政务新媒体积极做出适老化改造，如广东省着手打造平台服务专区，推进政务服务适老专门化。可以看出，政务新媒体是政务信息化和互联网结合的产物，是政务信息化在整个新媒体大环境之下的优化和升级。一站式的网络政务平台进行适老化改造，是既让群众少跑腿、信息多跑路，又让老年人更好地享受政务服务的双重举措。

数字政府以数字技术为基础，积极转变形式，提供更好的服务。未来，政府将不断完善政务服务体制机制，更新和转变政府管理服务理念，通过数字技术的应用，改进政府组织内部流程和结构，优化工作实践，同时提供更加便民、利民的服务。创新、完善政务服务机制要自上而下进行改革[1]。建立一个统一、多中心的数字信息管理机制，降低各级政府沟通协调成本，提高工作效率。建立智慧政务系统业绩考核制度，并定期进行业绩评估，形成良性激励机制，激发各级政府的积极性，不断完善自身建设。政府管理服务理念进一步强调以人民为中心、以用户需求为中心，提供高质量服务，更注重公众所需所想。

强化政府数字治理能力和信息安全保障力度，强化数据资源统筹规划、分类管理、整合共享，实现公共数据资源一体化管理，为各级政府及其部门开展大数据分析应用提供数据支撑。充分发挥数据的作用，预测政策需求，对未来作出规划，从而更好地应对危机、解决问题[2]。同时，进一步健全国家安全保障体系，制定完善信息安全法律制度，推动数字政府建设不断完善与发展，从而进一步保障用户信息

---

[1] 徐梦周，吕铁. 赋能数字经济发展的数字政府建设：内在逻辑与创新路径[J]. 学习与探索，2020（3）：78-85，175.
[2] 王益民. 数字政府整体架构与评估体系[J]. 中国领导科学，2020（1）：65-70.

安全。

（二）老年人智慧政务参与

智慧政务专区化，老年人参与主动性不断提升。由于老年人受自身知识结构、思想观念等因素影响，老年人对新事物和新技术的接受能力较弱，对智能设备的适应过程较长。为达到良好的政务信息传播效果，政府新媒体应该根据不同的年龄群体的数字素养，进行区别化信息传播。政府App专区化设计符合老年群体的日常生活习惯，降低了老年人的参与难度，也使得老年人的业务办理更加便利化。

线上线下双通道，老年人政务参与途径多元化。在互联网技术发展的背景下，社会生活方式数字化、信息化。同时，5G为数字生活发展提供了基础的保障。由于老年群体的特性，其对互联网技术的使用不便，使得老年人在智慧政务上的参与度较低。因此，针对老年人的信息障碍，政府积极搭建老年人政务参与体系，老年人参与途径多元化，弥补"数字鸿沟"。2020年2月，四川省在新冠肺炎疫情防控期间统一开发了"四川e社保"App，随后又开发了"四川人社"App，老年人可以在App上进行人脸识别认证。四川省社保局对App进行改造，把"待遇认证"模块提到了首页，新增"替他人认证"功能，老年人可请亲属或经办人员协助认证。线上线下认证双通道为老年人办理业务提供更多选择：线上认证方式简化认证流程，刷脸即可登录办理业务，让老年人少跑路；线下认证方式保留传统服务，为高龄、病残等行动不便的老年人提供认证服务，方便老年人实时办理业务。线上线下双通道服务，体现了对老年人的特殊关怀，最大限度提高了老年人政务服务满意度。

（三）智慧政务对老年人的影响

老年政务服务便捷度不断提升。智慧政务在政务新媒体中为老年人开辟服务专区，将老年人需要办理的业务（如老年证的办理、居民养老保险注销登记、领取养老金人员待遇资格认证等）纳入服务专区，帮助老年人快速查询、办理所需手续和进度，提高办理效率。在服务专区中，增加服务咨询热线和线下办理地图，方便老年人咨询政务办理相关事宜。这降低了老年人政务参与门槛，提升了老年人政务参与积极性与便捷感。

老年人需求适配，服务效能感提升。一是智慧政务保留线下服务，为老年人提供兜底保障。在帮助老年人使用新技术进行业务办理的同时，保留并优化线下的传统服务方式，为老年人提供业务办理基础保障。在数字信息化时代，追求业务效率的同时，应该充分考虑老年人的特殊情况，坚持传统服务方式和新型服务方式同步展开，政务办理处设置新型服务和传统服务双窗口，配备专业指导人员和志愿者，现场为无法使用新媒体办理业务的老年人服务，为老年人提供有针对性的举措。二是提供线上代办服务，为一些高龄老人和行动不便老人提供预约服务，派专人上门为其代办业务。在应用中，开设代办专栏，设置代办热线，形成代办事项清单和服务队伍，为老年人提供上门代办服务，让他们足不出户就能轻松办理相关事项。同时，针对老年人的需求提供真正符合老年人生理和心理习惯的智能化产品，帮助他们便捷、简单、安全地获取、交换、使用信息及办理业务。

二、老年人与智慧教育

（一）智慧教育发展

当前，教育行业通过对资源的合理利用，可为学生提供多元化教育。智慧教育模式以传统教育为基础，并积极结合互联网技术，创新传统教学方式，教学方式更为现代化。在新课改理念的实行下，智慧教育将学生作为教学主体，通过与网络技术相结合，为学生构建立体化课堂，可有效拓展学生的学习思维，提升整体教学质量。

智慧教育在当下进一步的发展包括以下方面。

科学性发展。为促进智慧教育的发展，应充分利用现代信息技术，结合新媒体时代的发展背景，对教育体系进行科学规划。首先，保证教育模式的全面化发展。其次，建立示范区，组织专家进行专业化试点。最后，在科学的结果研究下，进行专业化的教育细分，同时，对各年龄段学生的思想、认知能力进行研究，并结合当前社会环境的主体趋势，构建完整的智慧教育体系。

信息化发展。新媒体时代的发展，使数字技术、网络技术、通信技术可为学生提供智能化服务。在发展智慧教育模式时，应依托于网络信息技术，将其与传统教学模式区分开来，以网络数据库资源作为教学拓展，将书本内容作为主线，对知识进行立体化展示，保证学生接受知识的全面性。同时，在经济较为落后的偏远地区，应加强网络化建设，使学生通过网络学习到更多的知识，在网络集成化资源的优势下，实现知识实时流通，以发挥智慧教育的最大效用。

师资效能发展。智慧教育的发展，可进一步提升学生的学习效率，实现师资利用的最大化。教师在教学系统中具有重要作用，学校应进一步加强对教师群体的培训，强化教育的本质，合理规划教学时间，使教学系统更加完善。同时，学校应加强教师之间技术与经验的交流，找出教育过程中存在的问题，并将技术优势与自身经验相结合，促进智慧教育的进一步发展。

（二）老年人智慧教育参与

公立老年大学是老年教育的主要供给单位，全国所有省（自治区、直辖市）均有公立老年大学。根据中国老年大学协会数据，目前国内现有7.6万余所老年大学，包括远程教育在内的老龄学员共有1300万余人，约占60岁及以上老年人口的5%。

随着"互联网+"以及移动互联网的发展，老年教育开始逐渐由线下向线上拓展，特别是受新冠肺炎疫情影响，越来越多的老年人开始接触网络，选择线上上课。据Quest Mobile发布的《2020中国移动互联网春季大报告》显示，2020年春季教育学习类在线平台日均活跃用户迅猛增长，中老年用户群体之中，41~45岁用户增长了27.9%，46岁及以上用户增长了33%。中老年人在线教育需求发展迅速，知识付费成新趋势。一部分有获取知识、娱乐等精神需求的中老年人接触网络，更多的老年群体开始直接参与线上教育。

老年用户的知识付费习惯正在加速养成。老年人的付费需求远超预期，线上课程的老年用户量呈现不断上升趋势。其中，付费意愿与课程专业度密切相关。比如古筝课，相对来说偏枯燥静态，却在线上课程中收获了较好的反馈。究其原因，这类课程不仅满足老年人娱乐、打发时间的需求，更满足其自我成长和学习的需求，令他们能够发自内心地参与。因此，老年人在参与线上课程时，更为认真与积极主动。

老年人城乡差异大。我国老年教育发展存在区域和城乡不均衡现象，特别是农村老年人线上教育参与度程度较低。从区域看，东西部老年人线上教育程度比例失衡。2020年的统计数据显示，华东地区乡镇（社区）老年线上教育参与程度占全国老年人参与程度的比例为40.1%，西北地区占比仅为10.2%。从城乡差异看，老年教育资源普遍向发达地区和城市中心集聚，偏远落后地区和农村的老年教育基础设施、设备、课程及师资等基础方面与城镇差距较大，有些基层地区老年线上教育处于空白状态❶。

（三）智慧教育对老年人的影响

提升老年人群体的生命质量。根据终身教育的理念，任何阶段的

---

❶ 徐越. 智能化时代对提升我国老年人数字素养水平的思考 [J]. 中国集体经济，2019（14）: 165-166.

人生都是在不断发展的，都是需要不断学习充实的。年轻人要向老年人学习各种生活经验的传统观点已经被颠覆，在数字化社会中，老年人必须不断学习才能够跟上时代的发展。从这个发展理念来说，不断学习是老年人保持自己生活质量的一种方式，也是与年轻一代进行持续对话的必然需求。通过参加老年教育，老年群体不但提升了自己的生活质量，而且为社会作出了更多的贡献。因此，发展老年教育是提升老年群体生活质量的重要途径。

提升老年人力资源质量。对大多数老年人来说，退休之后的老年教育很大程度上是为重新工作而做的准备，是老年人始终会追求自己"有用"状态的途径。很多老年人在退休之后，都想继续通过其他方式参与社会发展，以此来证明自己的价值。如果不继续接受老年教育，老年群体仅凭以前的知识和经验已经不能适应知识日新月异的当今社会，他们必须在取得最新的工作资格或者技术资格后，才能更好地为社会服务。

减轻社会养老负担，促进社会循环发展。智慧教育能够最大限度地发挥人对社会的作用，扩大社会中人力资源的宽度和深度。因此，一方面，老年教育提升了老年群体人力资源的质量，也是对整个社会人力资源的深入开发和挖掘。老年教育不但合理配置了社会中的老年人力资源，减轻了社会养老的负担，也使得老年人的晚年生涯更有价值。另一方面，发展老年线上教育还是实现教育公平的重要步骤，是促进教育公平建设的重要内容。最后，老年人接受教育，可以实现其全面发展，让其更好地参与社会实践，发挥自己的作用，拥有一个更加充实的人生。

三、老年人与智慧健康

(一) 智慧健康发展

我国正处于人口老龄化快速发展的关键期，受制于内外部环境因素的影响，人们对健康养老日益增长的需求难以得到满足，养老资源供给量不足及供需不匹配问题尤为突出。智慧健康养老即依托物联网等信息技术产品，实现服务主体与健康养老资源的有效对接和优化配置，提高健康养老服务的质量[1]。智慧养老既是信息技术产业，也是服务平台与服务手段，康养则面向服务对象，满足其在生活照料、健康管理和人文关怀等方面的需求[2]。从供给上来看，在智慧健康养老服务技术、产品和服务供给上，已涌现了安康通、华懋智慧养老平台、禾康智慧养老、悦享数字、好帮养老、世外乡村、中科西北星等品牌或企业。

未来，我国智慧健康养老产业将逐步实现体系化。顶层设计上，推动智慧养老产业发展的相关政策设计不断完善，规范产业发展的标准体系及监管政策也陆续出台。目前，国家先后组织开展了四批智慧健康养老应用试点示范的评选工作，共创建了167家示范企业、297个示范街道（乡镇）和69个示范基地。2020年11月，国务院办公厅印发的《关于切实解决老年人运用智能技术困难的实施方案》中提出"到

---

[1] 工业和信息化部，民政部，卫生计生委. 智慧健康养老产业发展行动计划（2017—2020年）[J]. 中华人民共和国国务院公报，2017（25）：62-65.

[2] 杨菊华. 智慧康养：概念、挑战与对策[J]. 社会科学辑刊，2019（5）：102-111.

2021年底前，围绕老年人出行、就医、消费、文娱、办事等高频事项和服务场景，推动老年人享受智能化服务更加普遍，传统服务方式更加完善"。

积极推动信息技术与健康养老理念深度融合，优化智慧养老产业结构。国家积极鼓励养老服务模式、技术和管理模式等方面实现创新与突破，推动整个养老服务体系建设，发展智慧健康养老产业。制度设计上，智慧健康养老产业将涵盖照护、医疗卫生、便民求助、文体娱乐、教育、健康用品及相关基础设施建设等领域。

智慧养老技术发展，产品和服务供给更加多元化。智慧健康养老产品种类将日益丰富，包括可穿戴设备、检测设备、康复辅具、智能机器人等产品将广泛进入老年人生活，成为辅助老年人生活的重要工具。老年人可以摆脱使用多个不同功能的智能设备为其带来的困扰，仅使用一个或很少的几个智能设备，即可完成对血压、血氧、血糖、心率、运动、睡眠等健康指标的监测及对衣食住行等生活的辅助。随着信息技术的快速发展，智慧健康养老产品的智能化水平、集成度、准确性都将大幅提升。

依托公共服务信息化平台，整合资源。推动智慧养老产业发展，实现效用最大化，需要养老资源与供给服务需求的优化匹配。老年人的养老需求具有明显的差异性和多层次性，养老服务供给也应具有相应的特征。信息技术将"智慧""医疗""养护"三个部分打通，将原本聚集于医疗机构的老年群体分散到基层社区，将原本分散的投资主体聚集起来，将基层养老机构串联起来，加快智能居家养老模式的普及。

（二）老年人智慧健康参与

老年人数字健康服务意识开始逐渐形成。在数字互联网技术不断发展的背景下，数字健康开始进入老年人生活。老年群体由于年龄较大，其健康需求相对其他群体较高，对于医疗及养生相关的关注度远高于其他群体。老年人的数字化技术使用能力不断提升，同时，受新冠肺炎疫情影响，健康更加成为一个重要的关注焦点。

关注老年人心理健康医疗。人口老龄化的快速发展已导致老年群体慢性病和失能形势严峻，健康服务需求量不断扩大。一方面，老年人健康状况不佳，慢性病患病率较高，疼痛不适、行动不便、日常活动受限、焦虑或抑郁等问题突出；老年人慢性病患病率高达71.8%，且有不断升高的趋势。另一方面，老年人失能和残障状况严重。中国老年人置身于"未康先老"的现实状态[1]。同时，随着中国经济的不断发展，国民生活水平的不断提高，老年人对物质的需求趋于平稳，老年人开始更多地关注心理建设，对于老年人的晚年生活，他们更加关注自己的心理活动，更加准确地说，则是老年人希望得到更多的关爱。目前，我国老年人患抑郁症的人数比例在逐渐增加，所以，更多老年人需要心理健康服务与关怀。

---

[1] 杨菊华. 智慧康养：概念、挑战与对策［J］. 社会科学辑刊，2019（5）：102-111.

（三）智慧健康对老年人的影响

老年人健康医疗获得的便利度提升。老年健康一直是社会所关注的重要话题。推进数字服务发展，健全老年医疗服务体系，打通"堵点"，消除"痛点"，有助于更好满足老年人多样化、多层次的健康需求。数字化技术能够优化老年人健康医疗的形式与内容，从而扩大老年人的健康接触，获得便利。同时，数字健康已经在多个领域融入了传统医疗行业，电子病历、线上问诊、人工智能影像阅片等，已经成为现代医疗不可缺少的一部分，老年人在参与数字健康服务中，其自身的健康质量及健康服务获得便利度得到提升。

老年心理关注度增强，老年人的情感关怀提升。随着中国经济的不断发展，国民生活水平的不断提高，养老服务过程中老年人对物质的需求趋于平稳，老年人希望得到更多的关爱。所以，在数字健康发展方面，关注老年人心理健康建设应成为养老服务的重点。数字健康的进一步发展，更需要家庭与社会在数字化生活减轻养老负担的基础上，加强对于老年人的情感关怀[1]。

---

[1] 俞凯君，龚瑞怡，孙龙杰等. 基于人工智能及大数据的养老服务模式研究[J]. 软件，2019，40（10）：78-82.

四、小结

互联网和信息技术的发展，极大地改变了公共服务的原有供给方式。数字化发展战略，其根本目的是以数字技术为基础，进一步降低组织运行成本，从而提高组织运行效率。对于老年群体而言，互联网技术和公共服务的相互作用与发展，在一定程度上促进了公共服务的可得性和便利性。互联网养老服务、医疗服务突破了时空的限制，使老年群体可以更加独立与自主地参与社会生活，进一步延长居家养老的可能性。借力互联网技术，老年人能接受更灵活与便捷的信息与公共服务，享受更好的数字生活所带来的生活红利。

第六章

老年人乐享智慧老龄服务

随着数字技术的快速发展，人们的生活正日益变得透明、便利、智能。"十四五"期间，我国老年人口预计将突破3亿人，将从轻度老龄化迈入中度老龄化。数字化和老龄化并行成为一种必然现象。一方面，老年人在某种程度上被挡在了数字技术带来的便捷之外。老年人遇到的数字鸿沟正日益成为无法回避的现实问题。另一方面，我们关注到不同生活能力和身体状态的老年人对于数字技术赋能的需求异质性。能够自理的老年人比较倾向于休闲娱乐、度假旅游、养生保健等活动项目。失能、半失能老年人的生活需要依靠轮椅、拐杖、扶手等智能辅具或者全程依靠医疗护理。运用科技支持和帮助不同生命状态的老年人适应互联网和数字化，享受数字化带来的智慧化服务，成为积极应对老龄化的一种有效可行的手段，也是打造有人文温度的智慧老龄社会的一种方式。

一、智慧养老

（一）智能养老机器人

智能养老机器人是以计算能力、存储能力、通信技术为底座，利用人工智能、大数据技术为老年人提供日常照料和生活需求的服务型机器人[1]。以往的机器人功能比较单一，通常为简单的照护、陪伴。未来，机器人将更加智能，更贴合老年人实际需求，拥有更高集成度，包括但不限于日常照护、文化娱乐、情感陪护、安全保健等多种功能。

国家卫健委老龄健康司数据显示，2021年我国约有1.9亿老年人患有慢性病，失能、失智老年人数量约为4500万人。如何解决老年人的照护需求是亟待解决的社会难题。家庭结构的变迁，尤其是快速城镇化过程中进城务工子女与父母分离的现象十分普遍。养老资源供需失衡，护工非常短缺。未来，推进智能养老机器人服务于老年人可能是破解养老资源供需失衡矛盾的重要举措。

智能养老机器人的出现，除了给老年人日常生活带来极大便利，其在医疗康复、情感陪护等方面的功能，也可以作为护理、陪伴老年人的好帮手。①**帮助照护老年人**。一种专门照顾老年人的服务型机器人可以帮助老年人完成做饭、洗衣服等各种家务活动。机器人还可以通过翻身、搬运、提醒等功能代替人力协助失能、半失能老年

---

[1] 徐胜华. 基于人工智能技术的养老服务机器人设计概述 [J]. 科学与信息化（7）: 2.

人进行日常自主生活❶。例如，一款名为"罗贝尔"（Robear）的护理机器人能够协助老年人或残障人士站起或坐下。②**实现智能健康**。基于大数据与人工智能算法的医疗机器人可以向老年人提供更具针对性的医疗、护理、饮食等方面的建议。医疗机器人融合可穿戴设备、智能家居等应用的健康数据，可以针对性地为老年人提供健康咨询。例如，健康一体机可以实现对体检数据的测量、存档，能够赋能医疗机器人对老年人的健康状况进行全生命周期管理。③**满足老年人的精神需求**。情感陪护机器人能够基于不同老年人的爱好、年龄等数据，利用算法及机器学习构建老年人专属的对话知识库。对于空巢老人、患有阿尔茨海默病等疾病的老年人，机器人可提供精准的情感交互。例如，一款名为"帕罗"（paro）的情感陪护机器人，其身上安装了许多传感器，能够与人类进行情感交互。科学试验证明，"帕罗"能够降低老年人的孤独感，同时在治疗阿尔兹海默病方面发挥作用。

> **案例 6.1**
>
> ### 外骨骼机器人
>
> 外骨骼机器人是一种可穿戴式机器人，融合传感、控制、信息、移动计算，通过气动液压元件和电子元件提高人的力量和耐力。外骨骼机器人能够根据护理的人员工作情况，智能调节助力水平，从而有效

---

❶ 杜壮. 智能机器人，让养老从难变易成为可能[J]. 中国战略新兴产业，2017, 13（97）: 48-50.

> 降低养老护理人员的工作强度,避免长期工作可能带来的职业病。此外,外骨骼机器人具有自适应运动功能,不仅可以帮助残疾人或行动不便的老年人实现独立的行走,还可以进行肌理评定和运动判断,对人的发力进行主动助力。

(二)智慧养老院

智慧养老院利用物联网、区块链、人工智能等技术,建立床位、人员和二维码捆绑链接,实现养老院照护、管理等流程智能化,为入住老年人提供便捷服务,帮助养老机构运行者实现精细化管理。应加快"一床一码"应用落地,为财政由"补供方"向"补需方"转变提供支撑。

目前,我国养老机构规模扩大,养老机构需求也随之增加,2021年上半年全国注册登记的养老机构达40749个。另一组数据显示,截至2020年7月底,我国已建养老机构床位429.1万张,收住老年人却只有214.6万人,养老床位空置率高达50%。养老市场面临的主要问题是:养老观念仍需转变;低端养老院入住难,满意度差,中高端养老院价位高;不同养老院的服务质量差异明显;养老院提供的服务同质化严重,难以满足老年人的多元化需求等。用互联网、物联网、云计算等技术赋能传统养老院可能是解决养老市场问题的手段。

智慧养老院主要包括出入院管理、护理管理、饮食管理、物业管理等场景[1]。智慧养老院将带来四个方面的改变：一是重构管理流程。智慧养老院将出入院登记办理、护理、点餐等管理流程数据化，实现基于数据的自动化管理。二是缩短沟通距离。智慧养老院借助可视即时通信、应用程序等数字化应用，使得家属与老年人之间的距离感不再遥远。家属可以实时远程探视老年人，与老年人交流，掌握老年人的日常生活、护理和健康状况。三是智能护理服务。智慧养老院通过智能测量设备和物联网技术，将老年人的健康数据进行智能化管理。智能护理机器人也可以提供翻身、聊天、用药提醒等护理照护。四是自动预警监测。智慧养老院通过传感器与定位技术，实时感知老年人的地理位置。如果老年人摔倒或者遇到突发情况，感应器将自动触发，工作人员在第一时间识别突发情况，提供应急服务。

案例 6.2

"国家智慧健康养老应用示范基地"——广州港疗养院

广州港疗养院是广东省第一个"国家智慧健康养老应用示范基地"的机构养老项目。在智慧健康养老应用上，广州港疗养院通过智能家居提高老年人的居住体验；通过人脸识别、体态识别、电子围栏、定位系统等为老年人提供全方位的安全保障；通过可穿戴设备收集体征数据，为健康管理提供依据；通过智慧医养平台的整合实现所有数据的互联互通，并匹配专业医疗人士大数据分析，使服务更精准、高效、优质。

---

[1] 张运平，黄河. 智慧养老实践[M]. 北京：人民邮电出版社，2020.

（三）智慧社区养老环境

社区养老围绕家庭与社区，为老年人提供日间照料、护理、家政等服务。智慧社区养老利用互联网、人工智能等新兴技术，将社区养老机构、社区医院、政府养老部门及家政公司资源整合起来，提供全方位、多层次、一体化的智慧养老方案。例如，重庆市沙坪坝区搭建区级智慧养老大数据管理平台，覆盖全区58个社区养老服务站。通过整理老年人的档案数据，分析老年人的服务需求，沙坪坝区着力建设"互联网+大数据"信息服务平台和智能化呼叫中心，为老年人提供针对性的日常服务[1]。

社区养老目前存在的问题：一是以政府为主导的养老服务比较单一，一般只提供简单的健身器材和场地；二是社区养老机构的信息化、智能化水平比较低，缺乏合作交流的平台，养老资源没有得到充分利用和整合。构建智慧社区平台，整合管理各类信息，撮合供给与需求，已成为目前解决社区养老困境难题的一种解决方案。智慧社区养老环境包括：①**呼叫中心**系统。呼叫中心系统提供统一的呼入号码，可申请养老、家政、健康咨询、送水送餐、订票、心理咨询等各类社会化服务。在老年人发生危险或者摔倒后，呼叫中心系统还会自动拨打急救电话。②**远程医疗系统**。远程医疗系统可以在养老院、日间照料中心等不同机构之间搭建快速协作网络，为老年人提供优质、可及

---

[1] 互联网+大数据建设智慧社区［EB/OL］.（2019-08-12）［2022-04-13］. http://mzzt.mca.gov.cn/article/zt_zylfw/dhjy/201908/ 20190800019136.shtml.

的医疗服务。

智慧社区养老环境利用互联网等技术扩展社区养老服务半径，丰富养老服务项目[1]。**第一，整合社会各类资源，扩展服务半径**。通过社区养老服务平台将各种养老设施集中起来，进行分类。有针对性地为老年人推送相关信息，增加老年人选择机会。**第二，实现养老服务数据化**。社区养老服务供给、提供与利用三个阶段存在信息不畅的问题。通过各类传感器等设备将养老服务各阶段的信息数据化。随着相关信息和数据的不断增长，为养老服务平台智能化迭代提供数据基础。**第三，养老服务方式智能化**。智能化养老方式将基于机器学习等人工智能技术挖掘老年人的服务需求。社区养老服务平台利用大数据挖掘技术分析出老年人不同类型的养老需求，根据需求提供有针对性的养老服务。

案例 63

杭州拱墅区"智守 e 家"智慧养老一站式服务

杭州拱墅区"智守 e 家"一站式服务平台，以大数据为依托，通过对老年人精准画像，汇总老年人个人信息、健康数据、历年来的服务订单和服务人员反馈意见，预判老年人服务需求，经过精准推送，将全区养老服务资源录入系统，在老年人下一次提出服务需求时，可直

---

[1] 智慧社区的养老服务［EB/OL］.（2021-09-20）［2022-04-13］. http://www.cac.gov.cn/2019-09/20/c_1570507703431198.htm.

接根据老年人住址、老年人喜好等个性化因素,筛选出合适的服务机构,由服务人员上门提供服务❶。

二、智慧助老

(一)智能家居与环境控制辅具

智慧家居是以住宅为平台,利用综合布线技术、网络通信技术、安全防范技术、自动控制技术、音视频技术等与家居生活有关的设施集成,构建高效的住宅设施与家庭日常事务的管理系统❷。智能居家养老,简而言之,就是运用现代科技手段解决居家养老中的很多问题。智慧家居及环境控制辅具目前存在的问题是:产品缺乏精细化设计,老年人使用不舒服;家中不能联网;成本太高;可能被贴上不健康的标签等。

随着年龄的增长,老年人的身体机能逐步退化,心理状态也更为脆弱,对日常照护、精神慰藉等生活辅助方面的服务的需求日益增长。智慧家居及环境控制辅具能够赋能老年人。一是便捷需求方面,智能技术可以赋予各类家居产品智慧,从而极大地提升老年人生活环

---

❶ 拱墅打造"家门口"一站式智慧养老服务[EB/OL].(2021-04-25)[2021-07-12]. http://www.thepaper.cn/newsDetail_forward_13543770.

❷ 清华大学互联网产业研究院. 智慧健康养老产业发展白皮书2019版[R]. 北京:清华大学,2019.

境的适老化水平，能够让老年人不用动手，通过语音等方式与智能设备完成交互，协同完成日常生活活动。例如智能助听器，该设备基于人工智能技术能够对环境中的噪声进行识别和消除，助力老年人准确识别说话人的声音。二是安全需求方面，智能技术赋能家居，在低功耗、低成本上实现智能应用。例如，基于超宽带（UWB）的室内监护设备，该设备向室内发射毫米级雷达波，通过对反馈脉冲信号的分析判断，即能够对老年人安全及状态进行监护，并在危急时刻实现报警。再如智能床垫，该设备能够对老年人身体状况及离床情况进行24小时监测，并通过人工智能技术，在发现异常时及时报警。三是舒适需求方面，能够追踪老年人的行为数据，进而向老年人推送其感兴趣的内容信息。例如，老年社交App通过人工智能算法，能够向老年人推荐其喜欢的新闻或者志趣相投的朋友，降低老年人的孤独感。

案例 6.4

阿里"AI 全场景智能养老空间"

阿里"AI 全场景智能养老空间"通过安装智能音箱"天猫精灵"作为中控枢纽，以此控制小欧智能摄像头、智能开关、智能灯泡等设备。老年人可呼唤"天猫精灵"帮忙开关电灯、电视、空调等电器，还能通过语音购物、开关窗帘。智能灯光照明能实现灯光管理，老人半夜起床，灯光会调节得很柔和。养老空间安装了语音网关，可以将实体按键、虚拟触摸屏、语音控制和手机 App 打通，提供近距离实体按键+

> 触控模式、中距离语音操控、远距离 App 控制三层交互模式。无线高清摄像头兼具双向语音通话和视频功能，让子女和护理员通过手机就能看到老人的生活场景。

（二）智能康复辅具

智能康复辅具是面向残障老年人补偿或改善其功能，提高其生存质量，增强其社会生活参与能力的最直接、有效的手段之一[1]。智能康复辅具包括智能假肢和矫形器、智能移动辅具、智能操作物体和器具等。

在老龄社会的背景下，老年人一旦出现健康问题，生活质量会受到严重影响，如果得不到合理的照护，老年人的体质就会不断下降，进而导致身心受到伤害。智能康复辅具可以在一定程度上帮助老年人改善生活质量和促进康复。①**改善生活质量**。智能康复辅具可以补偿失能、失智老年人的功能障碍，提升老年人的自理能力和重建能力。一定程度上维护老年人尊严，促进老年人身心健康，提高生活质量。例如，智能移动辅具是辅助老年人站立或者行走的智能化的工具和装置，适用于脊髓损伤、下肢肌无力的老年人，它能使其像正常人一样站立和行走。②**解决部分护理难题**。智能康复辅具可以进行重复性、基础性的护理服务工作。例如，智能康复辅具可以减轻老年人由于功能障

---

[1] 罗椅民，刘晓静. 智能适老辅具的应用与发展思路［J］. 中国康复医学杂志，2020，35（8）：4.

碍带来的日常生活的不便，使其能够日常正常生活，增强生活独立性。

案例 6.5

智能康复辅具

基于人工智能技术的智能助听器能够对环境中的噪声进行识别和消除，从而使老年人在嘈杂环境中也能够准确识别说话人的声音。智能假肢具有感知外界条件变化（来自使用者和接触环境）并进行自适应的能力，可以使穿戴者感觉更加舒适。智能轮椅通过深度学习算法能够不断学习使用者的使用习惯，从而提升使用者的操作体验。未来，此类产品可结合路径规划算法或脑机接口技术，向更高级的智能化迈进。

（三）智慧社会支持

基于社会支持理论的观点，社会需要构建一个涵盖家庭、社区、养老院、政府、医院、社会组织等多元主体的整体体系，全方位助力老年人。其中《关于切实解决老年人运用智能技术困难的实施方案》提出"在政策引导和全社会的共同努力下，有效解决老年人在运用智能技术方面遇到的困难，让广大老年人更好地适应并融入智慧社会"；《全国老龄办关于开展"智慧助老"行动的通知》提出"引导社会各界关注、参与'智慧助老'行动，形成全社会共同帮助老年人跨越'数字鸿沟'的强大合力"。智慧社会支持也是智慧城市、智慧社区的重要组成部分，完善了政府在智慧助老方面的社会治理职能。

　　智慧社会支持在便利出行、健康管理、社交活动、政务服务等方面具有广阔的发展空间。①**智能化赋能老年人独立出行**。独立出行意味着老年人可以独立行走、下床、散步、使用私人交通工具。建立适合老年人的爱心专线，鼓励网约车开发界面简洁、操作方便的一键叫车App，探索开发客服热线语音接单，通过算法优化为老年人提供优先派单服务。②**老年人的健康管理需求日益迫切，尤其是慢性病**。随着机器学习等人工智能技术，以及可穿戴传感技术与信息技术的融合发展，老年人各种生命健康信息得以有效采集，将有助于实现健康管理，提供智能化的疾病预防指导，对老年人进行实时健康监测和评估。③**老年人孤独、沮丧等负面情绪的增加需要社会支持**。面向文娱、交友等活动的科技创新会增加老年人与群体及子女之间的交流，减少其心理负面情绪。视频、语音等数字化技术可以使老年人与子女之间沟通更加便捷，一定程度上纾解老年人的孤独感。④**提升面向老年人的政务服务水平，方便老年人办事**。智能化政务服务不是"一刀切"地砍掉传统的人工服务，对于老年人日常涉及的高频政务服务，需要提供更加多元化的服务渠道。同时，要针对不同生命状态的老年人的服务需求，进行精准分类，针对性地提供智能适老服务，保障老年人尤其是半失能、失能老年人运用智能技术的权利。政务服务平台还应该具备授权代理、亲友代办、一部手机绑定多人等功能。⑤**提供诈骗预警服务**。面对社会中的网络谣言、电信诈骗等，智能技术可以帮助老年人提高信息辨识能力。此外，有关部门要加大网络环境和电信环境整治力度，保障老年人的金融财产、人身安全等切身利益。

> **案例 6.6**
>
> **美国"自然形成退休社区"（NORC）养老服务模式**
>
> 美国 NORC 养老服务模式经过长达数十年的实践，得到了广泛认同。其充分利用社会网络，为不同生命状态的老年人提供辅助服务，保障老年人充分享用社会资源与服务。NORC 主要提供四个方面的服务：个人社工服务、医疗健康服务、教育娱乐服务、老年志愿者服务。NORC 模式的特点是将不同的参与主体有效地组合在一起，形成一个多主体的协同治理机制[1]。

三、智慧孝老

（一）远程监护

远程监护系统以物联网监测系统为依托，实现数据采集、数据传送、数据分析等功能，对于正常的数据会定期向老年人、子女发送报

---

[1] 张强，张伟琪. 多中心治理框架下的社区养老服务：美国经验及启示［J］. 国家行政学院学报，2014（4）：122-127.

告、健康建议，对于异常数据将启动相关干预措施[1]。该系统还连接养老服务平台及第三方代理机构，提供专业的医疗分析和服务。借助远程监护系统，子女可以监测老年人日常起居等方面的情况。当老年人家中出现生活物品短缺、走路不平稳等情况，子女可以在第一时间发现。当老年人在日常生活中遇到各种难题时，比如不会使用手机，可借助App向子女直接求助。通过跌倒检测系统、智能床垫等监测老年人的生理指标，老年人夜间睡眠质量、深度睡眠时间等数据被归集起来，当这些数据信息发生异常变动时，设备可及时将老年人的信息传递给子女、社区服务中心等，以便随时关注老年人的健康状况，防止老年人发生意外情况，提升老年群体生活的安全性。远程监护系统连接各种传感器，可以实时监测老年人的血压、心跳、声音分贝数，当传感器监测数值超过阈值时，会向子女发出警报。平时远程监护系统会绘制老年人心情曲线，子女总能及时了解老年人的心情状态。远程监护系统连接App可以监测记录子女与老年人的聊天时间、视频次数等，计算出子女远程陪伴分数。系统会定时给子女推送提醒与老年人进行定时打电话、陪伴去公园散步、体检等行为。智能语音药盒远程提醒父母用药，并将用药记录及时反馈。子女可以在手机上远程实时查看父母用药情况，不必担心每次用药情况和重要事件。

---

[1] 左美云. 智慧养老的内涵、模式与机遇 [J]. 中国公共安全，2014（10）：36-38.

> **案例 6.7**
>
> **中国移动研究院"和栖"老年人室内监护助手**
>
> 中国移动研究院推出的"和栖"老年人室内监护助手实现了人性化服务的远程无感监测。主要包括四种功能：外出行为监测、吃饭行为监测、睡眠行为监测、异常静止行为监测。室内监护采用边缘计算技术框架来实现老年人监护，摒弃了传统的摄像头和可穿戴设备，利用老年人室内行为识别与规律学习算法，在人体行为识别上达到了无感知监护的效果。此外，利用家庭内部闲置的宽带设备替代云平台作为计算设备，大大降低对家庭外部网络环境的依赖，同时，用户隐私也将得到更好的保护。

（二）虚拟社区

虚拟社区是指老年人借助微信、QQ、抖音等App或者虚拟现实（VR）等，分享经验和阅历、获得情感支持、培养爱好、相互关心，从而形成的网上虚拟团体。随着抖音等新兴短视频App的流行，越来越多的老年人愿意分享自己的生活日常，在虚拟社区与他人进行互动、点赞、评论等。随着虚拟现实技术的快速发展，未来，老年人可以通过网络虚拟世界与家人或者其他社会人进行聚会。

已有研究表明，虚拟社区能够丰富老年人生活，提高老年人生活质量。虚拟网络可以为老年人情感交流和经验分享提供媒介[1]。比如，国内第一个针对老年人情感交流和知识分享的平台——老友帮网站。在这个网站上，有微博、博客、论坛、相册、人生感悟、经验分享等功能。该网站既可以满足老年人分享交友的需求，也可以满足老年人与异地子女之间的交流。退休后的老年人时间相对充裕，他们关心"乐趣、退休和家庭"方面的话题，非常愿意在论坛、博客中分享自己的经验和阅历，对自己已经熟悉的社区忠诚度比较高，社区黏性较强，一般不会轻易离开某个社区[2]。

案例 6.8

虚拟社区丰富老年人生活

中国人民大学的研究显示，截至 2021 年 4 月，抖音 60 岁及以上创作者累计创作超过 6 亿条视频。抖音、快手等短视频 App 为老年人参与社交娱乐、分享日常生活、连接他人提供了平台。《中老年互联网生活研究报告》中显示，大约 98.5% 的受访中老年用户表示他们会使用微信聊天，并且微信已经成为他们日常生活中主要的组织与联络方式之一。在微信朋友圈分享趣事、转发公众号内容等都是老年人利用微信社交的常用方式。

---

[1] 左美云，汪长玉，高宁圣洁. 老有所为：网络冲浪和代际知识转移[C]. 北京市科学技术研究院，2016.

[2] Galit N. Seniors' Online Communities: A Quantitative Content Analysis [J]. Gerontologist, 2009（3）: 3.

四、智慧用老

（一）家人支持

社会参与理论认为，老年人在社会互动过程中，通过家庭或者社会角色扮演来获取和贡献资源，实现自身价值或者社会价值。目前，互联网、人工智能、辅助机器人，甚至元宇宙等新型网络及智能技术的快速进步为老年人参与社会提供了渠道和工具。老年人可以在不同的健康阶段为不同的家人提供支持，当老年人身体健康时，可以主动照护孙子、孙女，当身体功能退化时，可以通过智慧养老App或者智能辅助工具等为家人提供帮助。

老年人可以利用远程视频、社交工具参与家庭决策、家庭教育，将自己的经验和知识分享给家中成员。失能、半失能老年人可以借助智能轮椅、护理机器人、智能助听器等智能工具，使用算法及脑机接口技术，参与家庭运动、学习、专业劳动等活动。已有研究表明，社会参与度高的老年人有着更少的抑郁情绪、更高的主观幸福感，以及更好的身体功能、认知功能和社会功能。社会参与是老年人生命价值的体现方式，社会活动能够使老年人实现新的社会角色，激活潜在的高水平认知功能，丰富积极的情绪情感体验，积累丰厚的社会资源等[1]。社会参与能够有效降低老年人抑郁的风险，显著预防和缓解老年

---

[1] Gu D, Zhu H, Brown T, et al. Tourism Experiences and Self-Rated Health Among Older Adults in China [J]. Journal of Aging and Health, 2015, 28 (4): 675.

人心理问题，提高老年人心理健康和生活质量[1]。

> **案例 6.9**
>
> **老人视频连线演示包饺子**
>
> 2021年春节期间，一对老夫妻通过视频连线的方式，"手把手"地教身在异地的女儿包饺子。妈妈负责从和面、剁馅儿、拌馅儿、擀饺子皮儿、包饺子到煮饺子全流程的"教学演示"，爸爸则通过手机镜头各角度、全方位地将整个流程拍摄下来并配合上讲解。当通过手机视频看到女儿吃上了热气腾腾的饺子后，他们心里面乐开了花。

（二）老年人就业

数字化变革正在加速推动就业灵活化。在以平台为主的现代服务业领域，数字化改变了传统以合同为基础的雇佣关系，非正式岗位持续增多，出现了"零工经济"。一方面，平台通过算法精准匹配劳务供需双方，实现更高效的资源配置。另一方面，劳动者可以选择通过兼职方式自行决定工作时间长短。

老年人具有丰富的知识、技能和经验，这部分人力资源对整个社

---

[1] Christopher, Tennant. Work-related stress and depressive disorders - ScienceDirect [J]. Journal of Psychosomatic Research, 2001, 51（5）: 697-704.

会都是宝贵的财富。老年人退休后带来的直接问题就是人力流失及经验流失。《关于推进养老服务发展的意见》提出，重视珍惜老年人的知识、技能、经验和优良品德，发挥老年人的专长和作用，鼓励其在自愿和量力的情况下，从事传播文化和科技知识、参与科技开发和应用、兴办社会公益事业等社会活动。

老年人就业可以通过多种形式实现，第一种是建立老年人人才信息库，借助于互联网、人工智能技术，为有劳动意愿的退休老年人提供就业机会。第二种是将老年人的经验知识录制成视频、制作成电子文档，通过平台、互联网或者网络直播进行授课。第三种是完善数字志愿服务、社区治理等，发挥健康状况好的低龄老年人作用。第四种是老年人通过远程线上实现兼职，提供技术、管理咨询服务，交流该领域的专业知识和规律。

案例 6.10

83岁老奶奶应聘阿里巴巴集团

2018年，阿里巴巴集团以40万元的高额年薪将一位83岁的李奶奶聘为公司的资深体验师。李奶奶能够进入阿里巴巴集团出任体验师的职位，主要是源于当年1月阿里巴巴集团发布的一次招聘。李奶奶毕业于清华大学，退休后开始接触网购和智能手机，熟知互联网、科技领域的新事物，在阿里巴巴集团的招聘中脱颖而出。

五、小结

本章从智慧养老、智慧助老、智慧孝老、智慧用老四个层面阐述了数字技术赋能不同生命状态的老年人。智慧养老是指以引进智能机器人、智能养老服务平台、社区呼叫中心系统等先进数字化工具,给居家养老、社区养老和养老院插上"智能化翅膀",实现资源、数据、设施、服务的充分整合,为数字鸿沟问题的解决指明现实路径。智慧助老是指运用智能家居、智能社会支持等多种数字手段帮助老年人独立居家生活,围绕老年人出行、就医、消费、文娱、办事等高频事项和服务场景,增强社会支持能力,促进全社会的适老化改造,切实解决老年人在运用智能技术方面的困难。智慧孝老是指运用远程监护、虚拟社区等数字手段帮助、监督、陪伴老年人,实现对老年人起居、饮食、风险、健康、购物等诸多方面的物质和精神支持。智慧用老是指老年人借助互联网、人工智能等数字技术实现远程就业、网络直播、技术管理咨询服务。

挑战篇

老年人数字鸿沟待解

老年人数字鸿沟具有多重的形成因素,也具有多方的影响和后果,其关系到智慧时代老年人的融入程度,直接影响社会平等与公正,是智慧老龄社会发展必须直面的问题和跨越的鸿沟。

第七章

老年人数字鸿沟的表现

20世纪90年代,数字鸿沟的概念开始出现,其被定义为拥有互联网的群体和缺少互联网的群体之间的差距[1]。随着时代的发展和互联网的普及,数字鸿沟的内涵也在不断地丰富和扩展。基于已有研究,老年人数字鸿沟的表现可分为三个方面:数字接入鸿沟、使用技能鸿沟和使用效能鸿沟[2]。在互联网的深度发展和数字化变革的持续推进中,在持续关注数字接入鸿沟的同时,我们更需关注使用技能鸿沟和使用效能鸿沟。

一、数字接入鸿沟

(一) 基本定义

老年人数字接入鸿沟是指老年人群体相对于青年群体、中年群体

---

[1] Yu, Liangzhi. "Understanding information inequality: Making sense of the literature of the information and digital divides." Journal of Librarianship and Information Science 38 (2006): 229-252.

[2] Wei, Kwok Kee et al. "Conceptualizing and Testing a Social Cognitive Model of the Digital Divide." Inf. Syst. Res. 22 (2011): 170-187.

等不同人群在物质层面接入互联网的条件差距，也称为"第一道数字鸿沟"❶。由于经济发展水平、信息基础设施不平衡等客观原因，农村老年人在互联网接入与使用方面与城镇老年人还存在许多差距，且与其他年龄段的群体相比，老年人上网设备比较单一。城镇和农村老年人之间、老年人和中青年之间始终存在着"数字接入鸿沟"。

数字接入鸿沟可以分为物质接入和精神接入两类❷。其中，物质接入鸿沟是指信息技术和网络媒体的缺乏。计算机、智能手机等技术设备在老年人中的普及率远远低于年轻人，信息和数字技术硬软件的设计也更多基于年轻群体的特点和偏好，并不适宜于感官敏感度日益降低的老年人❸。精神接入鸿沟则是指由于兴趣缺乏、电脑焦虑和新技术吸引力缺乏所导致的基本数字追求缺乏。随着年龄增长，步入老年阶段的群体在接受新生事物的意愿、学习能力和认知能力等方面都会不断老化、衰退。这一老化会严重影响老年人尝试和学习新技术，使其对信息化、数字化产生疏离感乃至抗拒感，最终在精神层面上与数字发展脱离，形成鸿沟。

---

❶ Attewell, Paul. "The First and Second Digital Divides." Sociology Of Education 74（2001）: 252−259.
❷ Van Dijk, J. A. G. M. A framework for digital divide research［J］. Electronic Journal of Communication, 2002, 12（1）: 2−7.
❸ 何铨，张湘笛. 老年人数字鸿沟的影响因素及社会融合策略［J］. 浙江工业大学学报（社会科学版），2017, 16（4）: 437−441.

（二）主要表现

1. 老年网民总体增长规模

从中国互联网络信息中心发布的数据来看（图7-1），我国网民数量由2012年的5.38亿人增长至2021年的10.11亿人，其中老年网民数量随着互联网的发展也在不断地增加，2012年至2018年增长趋势比较平缓，增加数量为3337万人[1]。但是2019年至2020年网民数量呈现陡峭式增长，老年网民数量增加了3707万人，仅一年时间增加的数量就超过了往年增加数量的总和。在新冠肺炎疫情的影响下，老年人被动式陆续接触网络，但是老年网民规模的增长并未排除我国人口老龄化的影响。

图7-1 中国60岁及以上老年人网民数量和占比变化趋势

数据来源：作者根据中国互联网络信息中心第30～48次《中国互联网络发展状况统计报告》绘制。

---

[1] 中国互联网络信息中心. 第30～48次《中国互联网络发展状况统计报告》[R/OL].（2021-09-15）[2021-11-20]. http://www.cnnic.net.cn/hlwfzyj/hlwxzbg/hlwtjbg/.

2. 互联网接入的年龄差异

从互联网接入人群的年龄来看，老年人相比于其他群体存在较大差异，接入比例相对较低。有关报告数据显示（截至2021年6月），我国网民规模不断增长，有10.11亿人，其中老年网民占比12.2%，约有1.23亿人❶。第七次全国人口普查数据显示，我国60岁及以上老年人口已达到2.64亿人，占总人口的比重为18.7%❷。也就是说，我国还有一半的老年人并未接触网络。相比于老年人，中青年群体的网民比重就高得多，约占70%，是我国网民的主力军。

3. 互联网接入的城乡差异

有学者用数字基尼系数来反映数字化发展的均衡程度，数据显示，我国的数字基尼系数为0.59，这一数字体现出了我国数字发展不均衡的态势❸。这种不平衡不仅体现在一线城市与二、三线城市的差距上，更体现在城镇与农村的差距上。虽然农村地区通信基础设施在逐步完善（其中，行政村通光纤和4G的比例均超过了99%），但是我国城镇地区互联网普及率为78.3%，而农村地区的互联网普及率仅为59.2%❹。以上

---

❶ 中国互联网络信息中心. 第48次《中国互联网络发展状况统计报告》[R/OL].（2021-09-15）[2021-11-20］. http://www.cnnic.net.cn/hlwfzyj/hlwxzbg/hlwtjbg/202109/t20210915_71543.htm.

❷ 国家统计局. 第七次全国人口普查公报（第五号）[R/OL].（2021-06-28）[2021-11-20］ http://www.stats.gov.cn/tjsj/tjgb/rkpcgb/qgrkpcgb/202106/t20210628_1818824.html.

❸ 腾讯研究院. 中国"互联网+"指数报告（2018）. [R/OL]. https://www.tisi.org/5025，2018-4-11/2022-2-24.

❹ 中国互联网络信息中心. 第48次《中国互联网络发展状况统计报告》[R/OL].（2021-09-15）[2021-11-20］. http://www.cnnic.net.cn/hlwfzyj/hlwxzbg/hlwtjbg/202109/t20210915_71543.htm.

数据表明，我国农村地区以及偏远地区的互联网服务基础设施建设仍存在不少薄弱环节。例如，老年人在接入网络服务、拥有智能手机与更低龄人群相比存在不平等，更不用说拥有电脑并熟练地使用电脑。农村地区的形势更加严峻，老龄化和信息化服务水平较城镇地区更低，进一步加剧了信息基础设施的不平等，这是老年人数字鸿沟的重要表现。

二、使用技能鸿沟

互联网的接入只是先决条件，即使具备同样的互联网接入环境，也会形成信息差和技能差。年龄、价值观等自身原因和媒介交流传播的硬件条件等外部原因，使得老年人之间、老年人与年轻人之间形成使用技能鸿沟。使用技能鸿沟需要社会包容性治理，本节主要从使用操作、使用动机、功能使用等角度展现老年人技能鸿沟的表现。

（一）基本定义

随着研究的深入和实践的发展，数字鸿沟治理逐步从软硬件、通信普及等基础设施的接入方面转向使用技能鸿沟治理。老年人使用技能鸿沟是指老年人的信息技术水平和技能等方面与其他群体存在一定的差距[1]。一些老年人即使有电脑也不会打字或使用相关软件，有智能

---

[1] Attewell, Paul. "The First and Second Digital Divides." Sociology Of Education 74（2001）: 252-259.

手机也只是简单地使用通话功能，不会拓展应用，享受信息化服务，提升数字红利。

（二）主要表现

1. 互联网使用操作困难

一般而言，年龄与互联网操作水平会呈现负相关关系，老年人的操作技能水平较之中青年群体而言更低[1]。这也导致老年人即使在拥有电脑、手机等硬件设备的情况下，在搜索、选择和处理信息时仍与中青年群体存在较大差距。特别是当技术界面不够友好、教育和社会支持不足时，这一差距会被逐渐放大。

实践调查显示，老年人在使用智能手机过程中，最常面临的困难是"不会或不能熟练进行软件下载、更新与使用"，其次是"广告等信息真假难辨，不敢乱点"，同时也有17.4%的老年人认为"按键、字体、颜色等设计不合理"（图7-2）[2]。可见，老年人生理、认知等功能退化，智能终端界面不够友好等原因使其很难掌握智能技术的运用，而数字抗疫背景下，频繁出现的"无码出行难"等问题更是将老年人使用技能鸿沟进一步凸显、放大。

---

[1] Deursen A. V., Van Dijk J. A. Measuring internet skills [J]. International Journal of Human-Computer Interaction, 2010, 26 (10): 891-916.

[2] 本书关于老年人智能手机使用情况的实践调查数据，均来自之江实验室和浙江工业大学于2021年1月联合开展的"老年人使用智能产品与服务"问卷调查结果，特此说明。

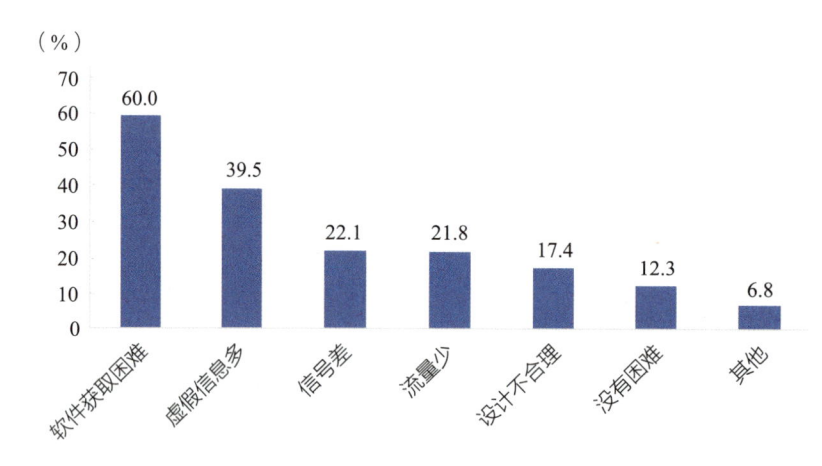

```
(%)
70  60.0
60
50
40      39.5
30
20           22.1  21.8
10                      17.4  12.3
 0                                  6.8
    软件  虚假  信号  流量  设计  没有  其他
    获取  信息  差    少    不    困难
    困难  多              合理
```

图7-2 老年人智能手机运用困难调查一览

2. 互联网使用动机差异

数字鸿沟产生的原因受多种因素的影响，如价值观、学历、社会结构、性别等，这些因素又会带来信息技术使用欲望和使用能力的差别。随着互联网技术的发展，社会上存在着不同程度的活动参与者，他们或者积极参与或者消极参与。根据不同的使用动机，可将互联网使用者分为四类。一是研究人员：他们会花费时间作报告，通常将网络与工作联系起来；二是消费人员：他们会查找旅游信息、股票报价和财务信息等，并在网上进行购物；三是表达人员：他们会参加社会活动的在线讨论，并在有关渠道上表达意见；四是娱乐人员：他们会上网玩游戏和浏览有关娱乐信息[1]。

---

[1] Norris, P., Jones, D.（1998）. Editorial: Virtual Democracy. Harvard International Journal of Press/Politics, 3（2）: 1–4.

数据显示（表7-1），不同年龄段微信用户间的鸿沟与他们的使用动机有显著关系[1]，其中老年人在微信的使用动机上会更倾向于能够联络他人、关注亲友动态、了解信息等，以此来丰富生活。青年人会更多地在工作和生活中使用微信。老年人和中青年人在使用互联网的动机上存在显著差异。

表7-1 不同年龄段人群微信使用动机

使用动机	老年人	中年人	青年人	不同人群在微信使用动机上是否有显著差异
获得个人生活相关信息（%）	3.60	3.55	3.39	老年人＞中年人＞青年人 **
日常工作便利(%)	3.32	3.84	4.03	老年人＜中年人＜青年人 ***
日常生活便利(%)	2.92	3.53	3.87	老年人＜中年人＜青年人 ***

（注：**表示$p<1\%$，***表示$p<0.1\%$，p为显著性水平，数值越低，差异越明显，结果越可信）
数据来源：腾讯研究院《吾老之域：老年人微信生活与家庭微信反哺》。

老年人注重通过微信来联络好友，通过朋友圈掌握动态，利用相关软件来关注资讯，其中，联络他人是老年人使用微信的显著动机。青年人虽然也会使用微信联络他人，但是他们也会利用微信来进行工作安排。对于青年人来说，他们可以把更多的时间和精力投入学习和获取知识上，拓展本领、提高技能，以更好地应对未来的不确定性。

---

[1] 腾讯研究院. 吾老之域：老年人微信生活与家庭微信反哺［R/OL］.（2018-07-27）［2022-04-13］. https://baijiahao.baidu.com/s?id=1607135343103029840&wfr=spider&for=pc.

青年人的属性决定了他们在互联网的使用上不仅局限于交往和娱乐，还会有一部分重心放在工作上[1]。老年人则相反，随着年龄的增长，他们的时间是有限的。老年人在退休后，工作时间闲置，他们会更多地把时间放在处理社会关系上，学习知识的时间则极大缩减。

3. 互联网功能使用差异

随着"60后"进入老年期，其中一部分人对互联网的使用技术和使用技能相对于其他群体来说比较弱。所以，尽管互联网技术在不断地成熟，更多老年人陆续进入互联网世界，但老年人数字使用技能鸿沟也始终存在，成为数字鸿沟的主要表现之一。

以老年人经常使用的微信为例（表7-2、表7-3），老年人每天使用微信的时长、掌握的功能及好友数等都明显少于青年人和中年人，存在显著的差异性。老年人在微信使用功能上还呈现着明显的"三级跳"：社交—信息—支付[2]。其中，会使用社交类功能的老年人有八成以上，而会使用信息类功能的老年人有六成以上，有一半的老年人使用支付功能的频率较低，而中青年群体对于上述功能的使用比在九成左右。虽然老年人对互联网功能的使用已经由单一化向多元化发展，但是我们始终要关注差距，更多地了解老年人选择互联网功能的特点，帮助老年人缩小使用技能鸿沟差异。

---

[1] Sims, Tamara L. et al. "Information and Communication Technology Use Is Related to Higher Well-Being Among the Oldest-Old." Journals of Gerontology Series B: Psychological Sciences and Social Sciences 72（2017）：761–770.

[2] 腾讯研究院. 吾老之域：老年人微信生活与家庭微信反哺［R/OL］.（2018-07-27）［2022-04-13］. https://baijiahao.baidu.com/s?id=1607135343103029840&wfr=spider&for=pc.

表 7–2　不同人群的微信使用情况

使用情况	老年人	中年人	青年人	不同人群在微信使用上是否有显著差异
每天使用时长（小时）	1.37	1.78	1.86	老年人＜中年人＜青年人***
掌握功能数（个）	11.47	15.03	16.83	老年人＜中年人＜青年人***
好友数（个）	104.28	188.12	305.28	老年人＜中年人＜青年人***

（注：***表示$p<0.1\%$）
数据来源：腾讯研究院《吾老之域：老年人微信生活与家庭微反哺》。

表 7–3　不同人群的微信使用功能情况

使用功能情况	老年人	中年人	青年人	不同人群在微信使用功能上是否有显著差异
社交类：语音即时聊天（%）	89.2	96.9	97.3	老年人＜中年人＜青年人***
信息类：发布朋友圈（%）	64.4	86.2	94.1	老年人＜中年人＜青年人***
支付类：微信支付（%）	51.2	88.9	96.0	老年人＜中年人＜青年人***

（注：***表示$p<0.1\%$）
数据来源：腾讯研究院《吾老之域：老年人微信生活与家庭微信反哺》。

三、使用效能鸿沟

互联网是一把"双刃剑",受习惯、认知能力、教育水平、接受新事物的适应能力等因素的影响,互联网给每位老年人带来的使用效益、数字红利是有差异的。从辩证法的观点来看,老年人使用互联网利弊共存,既会有正向效果,也会有负向效果。

(一)基本定义

使用效能鸿沟是指在具备相同使用信息技术的条件下,不同个体或群体在生产力、社会连接、专业技能等方面的提升或改善之间的差距[1]。简而言之,当拥有数字接入机会和使用能力时,如果使用者无法带来有益的结果或产出,该鸿沟就会出现。国内学者亦将这一鸿沟称为"知识沟",认为接入和使用上的差距最终会导致知识获取上的差异[2]。

(二)主要表现

1. 正向效益

便捷生活方式。随着数字时代的发展、智能手机的普及、网络设

---

[1] Scheerder A., Van Deursen A., Van Dijk J.Determinants of Internet skills, uses and outcomes. A systematic review of the second- and third-level digital divide [J]. Telematics and Informatics, 2017, 34 (8): 1607-1624.

[2] 韦路, 张明新. 第三道数字鸿沟: 互联网上的知识沟 [J]. 新闻与传播研究, 2006, (04): 43-53, 95.

备的迭代更新及适老化改造的推进，老年人除了利用手机在线聊天、观看资讯，还开始利用各种渠道学会网上消费、网上购物、网上约车等，给生活带来了便利，增加了福祉。一些年轻人熟悉的功能应用也逐渐被老年人接受并使用。

不难发现，老年人的互联网使用场景日趋丰富，消费热情日趋高涨，消费能力日渐增强，消费偏好日趋向享乐型转变，消费场域由传统的线下转向线上线下相结合，消费模式和消费内容渐趋智能化❶。智能手机的移动支付不同于传统的现金支付，其借助二维码或者支付链接，老年人只需通过输入密码或者人脸识别就可以完成订单，可以防止丢失现金等现象的发生，极大地方便了老年人的生活。

智慧社会的推行，使我们的社会变得越来越智能，老年人出行、消费等都可以通过互联网平台高效实现。2020年，国务院办公厅印发《关于切实解决老年人运用智能技术困难的实施方案》，其目的是解决老年人在运用智能技术方面遇到的困难，享受智能化服务带来的便利，这个方案综合考虑了现阶段老年人遇到的种种问题，其中包括新冠肺炎疫情之后老年人"无码难行""无码就医"等，通过各种措施来提升老年人公共服务参与度、享受感，保障老年人的衣食住行❷。

丰富信息渠道。研究发现，老年人可以通过家庭成员、朋友、广播、电视、电脑等渠道获取信息。具体分为两类：一是以亲人和朋友为代表的社交网络信息源；二是以大众媒体、报纸、书籍和互联网为

---

❶ 原新. 银发消费趋向享乐型、智能化 [J]. 人民论坛，2021（4）：30-32.
❷ 中国政府网. 2020年国务院办公厅印发《关于切实解决老年人运用智能技术困难的实施方案》的通知 [EB/OL]. （2020-10-24）[2021-11-20]. http://www.gov.cn/zhengce/content/2020-11/24/content_5563804.htm.

代表的信息媒介信息源[1]。

老年人的身体健康程度随着年龄的增长而下降,行动不便、视力模糊给他们带来了很多困扰。传统的信息媒介如书籍、报纸等对部分老年人来说使用较为吃力。互联网的介入使老年人可以多渠道了解更全面的信息和资料,目前腾讯新闻、今日头条等软件也推出老年人版本,其字体、图标更大,对比度更高,可在一定程度上解决老年人使用感不佳的体验。老年人还可以通过听的方式获取信息,喜马拉雅、懒人畅听和各类有声阅读软件满足了老年人收听需求,部分软件还通过算法为用户推送自己感兴趣的内容,减少了搜索的麻烦。

在浏览健康信息过程中,养生保健、医疗、疾病预防等信息和资源提高了老年人的健康意识,使其享受了便捷的健康服务,对老年人健康有正向影响;在浏览新闻资讯过程中,老年人可以了解社会发展动态,紧跟时代步伐,参与网上的政府决策调研,提高社会参与度,在日新月异的社会中能发声、敢发声、会发声,扮演好社会人、政治人的角色。

家庭内部社交关系更加紧密。亲子间的亲密关系是家庭关系的重要方面,研究表明,空间距离是影响老年人和子女之间家庭凝聚力的主要因素之一[2]。老年人上网的主要载体是手机,他们会借助微信的视频通话功能和语音功能在家庭内部进行沟通。青年人就业的异地化使得家庭代际关系距离扩大,而互联网的快速发展给家庭成员之间提供了一种交流平台,老年人和子女通过网络进行沟通,大幅度缩短了空

---

[1] 李一喆,吴丹. 国外老年人信息行为研究综述[J]. 新世纪图书馆,2014(9):92-95.
[2] 杨菊华,李路路. 代际互动与家庭凝聚力——东亚国家和地区比较研究[J]. 社会学研究,2009,24(3):26-53,243.

间和心灵距离，有利于维护代际关系、缓解家庭的紧张关系。

社会外部社交网络不断扩大。在马斯洛需求层次理论中，除了有生理和安全需求，还有精神上的社交需求。在老年人没有接触互联网之前，他们的社交关系仅限于家庭、朋友或同事、社区，老年人只能在自己有限的活动范围内进行社交。互联网的接入和普及，使得老年人的社交圈进一步扩大和巩固，除了家庭关系更加紧密，还可以巩固朋友关系，扩展新的社交群体。

老年人可以通过发朋友圈、点赞、转发文章的方式与朋友进行互动，还可以利用抖音等短视频软件分享自己的生活趣事，吸引不同年龄层次的粉丝，使自己的社交圈子变得多元化。老年人也可以在短视频软件中关注自己感兴趣的人，并进行互动，打破与陌生人之间的屏障，丰富自己的生活，扩展交友圈，不是成为新生事物的被动接受者，而是融入其中，主动建立社交网络关系，满足自己精神上的社交需求。

2. 负向效益

迷于网络的"网瘾老人"。实际上，老年人拥有比青少年、中年"更容易沉迷"的上网条件。首先是时间优势，退休生活让老年人没有学业和工作羁绊，所有的闲暇时光都可以在互联网上消磨；其次是精神需求，身体不便和"留守父母"等情况的出现，让不少老年人需要在互联网上寻求更多的情感认同；还有林林总总的"诱导因素"，比如分享领红包、阅读拿金币等互联网产品对价格敏感的老年人更具吸引力[1]。

《2020老年人互联网生活报告》显示，有一些老年人每天在某些

---

[1] 张绪旺. 老年人上网也须防沉迷[N]. 北京商报，2021-10-15（002）.

软件上使用的时间超过10小时❶，手机成了形影不离的物品。适老化改造的推进和国家政策支持使老年人入网更加便利。生活中经常可以看见老年人在公交车上刷短视频、看电视剧、在线聊天等，这改变了他们原本枯燥的生活，却也给他们的身体健康带来了危害。

专栏 7.1

老年人上网过度导致身体健康状况下降的案例

案例1：刘某。65周岁的刘某退休后每天使用手机长达11个小时，导致身体出现了许多不良症状，会经常感到头晕恶心，经过医生诊治才发现是手机使用过度导致的干眼症、睫状肌痉挛。

案例2：王某。起初，子女送父亲王某智能手机是希望他能看新闻、玩游戏，以此打发无聊时间。但王某学会手机操作后便入迷了，各种软件都会使用，且每天在线时长远超8个小时。他学会上网后，生活习惯有了很大的变化，原本规律的日常生活被手机所打破，经常会不按时吃饭、休息等，结果导致眼睛干涩、痒、痛，还会出现一团黑影，经医生检查，确诊为黄斑出血。

资料来源：作者根据网上报道整理。

网瘾的危害不止于此，长期上网还会造成心血管过度疲劳和供血不足，损害神经系统、影响营养物质消化和吸收。生活中，这些案例

---

❶ 趣头条，澎湃新闻. 2020老年人互联网生活报告［R/OL］.（2020-10-24）［2021-11-20］. https://baijiahao.baidu.com/s?id=1681447982927767798&wfr=spider&for=pc.

层出不穷，究其根本是老年人的"孤独感"。退休后的老年人生活节奏变慢，子女也大都忙于工作，他们只有依赖于网络世界寻找精神上的慰藉。帮助老年人挣脱"网瘾"，我们需要在"网外"下功夫。不仅要协同社会力量帮助老年人接入网络，迈进数字时代，也要帮助老年人提升健康上网意识，避免网络"上瘾"。

隐而危的"网络陷阱"。受数字技术缺失及使用程度较低的影响，部分老年群体无法获取数字化的相关信息或对公共服务数字化信息理解出现偏差，并因此遭遇不同风险❶。这种风险主要体现在老年人会比其他群体更容易受到网络欺诈，轻信网络谣言，成为不法分子的目标。

《后疫情时代的互联网适老化研究》数据显示（图7-3），在参与访问的老年人中，17.25%有过在网络上被骗的经历。其中，40.37%的老年人是因为保健品而被骗，30.28%的老年人因高收益理财被骗，还有29.36%的老年人因为虚假的医疗信息被骗。老年人作为刚接触网络的"新生儿"，他们的互联网素养相比其他年龄群体普遍偏低，网络安全问题至关重要，迫切需要解决。帮助老年人用好互联网，防止受骗，取得最大效益，关键在于企业、社区和监管部门三方联动。

无力感也会引发老年人身心素质下降。老年人身体各项机能相比于年轻人呈退化趋势，他们在使用互联网过程中出错概率更高，使得老年人难以轻松自如地使用。虽然老年人也在不断地适应互联网给他们生活带来的福利，但是随着年龄的增长，许多老年人发现电子产品的更新迭代对他们来说并不是一件好事，他们跟子女学习的只是一些

---

❶ 杨斌，金栋昌. 老年数字鸿沟：表现形式、动因探寻及综合路径 [J]. 中州学刊，2021（12）：74-80.

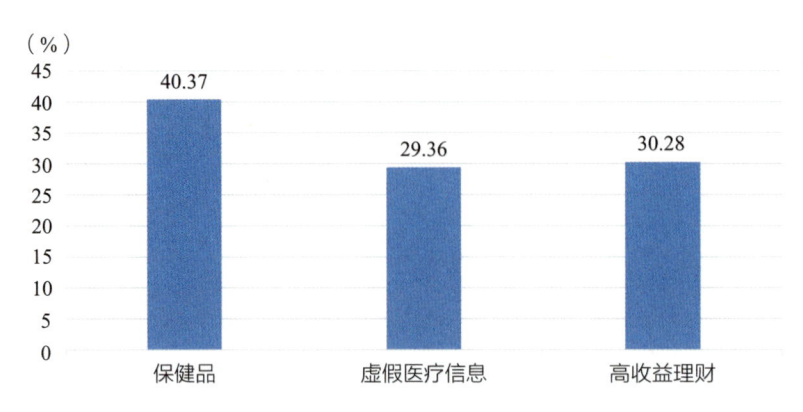

类型	百分比
保健品	40.37
虚假医疗信息	29.36
高收益理财	30.28

图7-3　老年人网络被骗的类型

数据来源：中国社会科学院《后疫情时代的互联网适老化研究》。

基本的操作，如视频聊天、刷抖音，但软件升级后他们却变得左右为难，一是自己摸索这些复杂的操作十分困难，二是向子女请教时，有时子女会很不耐烦。就这样，老年人在使用互联网过程中遇到很多障碍，使他们产生非常大的心理落差。

在老年人线上求助场景中，多数人会求助亲友或者直接放弃，遇到问题就放弃的比例高达50%，放弃的主要原因是主观认为问题复杂和操作不便利❶。因为习惯、心态、教育、技能、适应和学习能力等因素的影响，一些老年人时常在数字社会中面临"排斥"与"被排斥"的困境，成为"数字弃民"❷。尤其是这次突如其来的新冠肺炎疫情，使得老年人既想快速融入互联网，又因为得不到青年人和社会的关爱和

---

❶ 阿里巴巴. 后疫情时代的老年人数字生活 [EB/OL]. （2022-10-24）[2021-11-20]. http://www.aliresearch.com/cn/index.

❷ 翁之颢、何畅. 融入、排斥与包容性未来：2020年中国老人移动数字化生存研究 [M]. 北京：社会科学文献出版社，2021：322-333.

指导，在使用过程中面临很多的问题未能及时解决，影响了正常生活和心态，一些农村老年人和独居老年人更容易被边缘化。

弥合老年人数字鸿沟、缩小老年人数字资源利用差距、构建数字包容的老龄社会需要从加强老龄社会治理高度上统筹解决[1]。这种治理既离不开政府的宏观把控，也离不开子女的"反哺"教育，更离不开老年人的主动学习和参与。老年人要注重提高数字素养，在问题中不断学习，在学习中不断发现问题，提高社会参与度，享受数字红利。

四、小结

在中国互联网发展日新月异，老年人口数量和规模持续扩大的背景下，老年人数字鸿沟问题提上议程。这里的数字鸿沟不仅是传统意义上的数字接入鸿沟，随着社会的发展，使用技能鸿沟和使用效能鸿沟的影响也在老年人身上不断加深，尤其是突如其来的新冠肺炎疫情，更是扩大了老年人的数字鸿沟。本章主要通过数据和案例来展示老年人数字鸿沟的具体表现，探析现阶段老年人互联网的使用行为及其效果，并提出从社会各方联动的角度来解决老年人在使用互联网过程中遇到的瓶颈，更加关注老年人的使用效能鸿沟，以便让老年人享受数字时代带来的红利，彰显出他们面临数字融入困境时国家和社会所选择的数字包容，体现以人民为中心的发展思想。

---

[1] 杜鹏，韩文婷. 互联网与老年生活：挑战与机遇[J]. 人口研究，2021，45（3）：3-16.

第八章

老年人数字鸿沟的影响因素与后果

老年人数字鸿沟是一种复杂现象，涉及基础的接入鸿沟及更为深层次的使用技能鸿沟和使用效能鸿沟，了解其前因后果是解决这些问题的必经之路。从根本上看，其由来主要是人口老龄化和社会数字化的共同结果，因此，老年人数字鸿沟的影响因素也并非单一的或是局部的。究其后果，除了老年群体自身，老年人数字鸿沟现象的加深必然会影响社会各类资源的分配和再分配，对经济、社会、政治格局带来新的不平等现象和问题。

一、影响因素

基于老年人数字鸿沟概念，引致数字鸿沟的直接因素包括两个方面：接近、使用信息技术的机会和使用信息技术的能力（或数字素养）。老年人在接入和使用上的不足使其难以与智慧社会的发展同步。然而，不管是老年人接近或使用信息基础设施的机会，还是其数字素养水平，都是个人、社交网络、社会和科技等诸多因素交织形成。

（一）个人因素

年龄、性别、收入、受教育程度及退休前的职业等人口统计学变量是影响老年人数字鸿沟的重要因素。首先，不同年龄段下，数字鸿沟现象呈规律性梯度上升。随着年龄的增长，老年人身体机能自然衰退，如视听觉敏感度下降、无法适应强光、手指关节迟钝等，导致其很难操作使用大多数数字设备。同时，老年人的流体智力，如运算能力、知觉、记忆力等也随之逐步退化，特别是记忆力的减弱，使老年人无法再以迅速、准确地适应和学习新一代数字技术。

其次，受教育程度或文化水平会影响老年群体的数字技术学习能力。数据显示，不懂网络/电脑（54.5%）或不懂拼音等限制（20.0%）是非网民不上网的主要原因（图8-1）。对于受过高等教育或具备一定

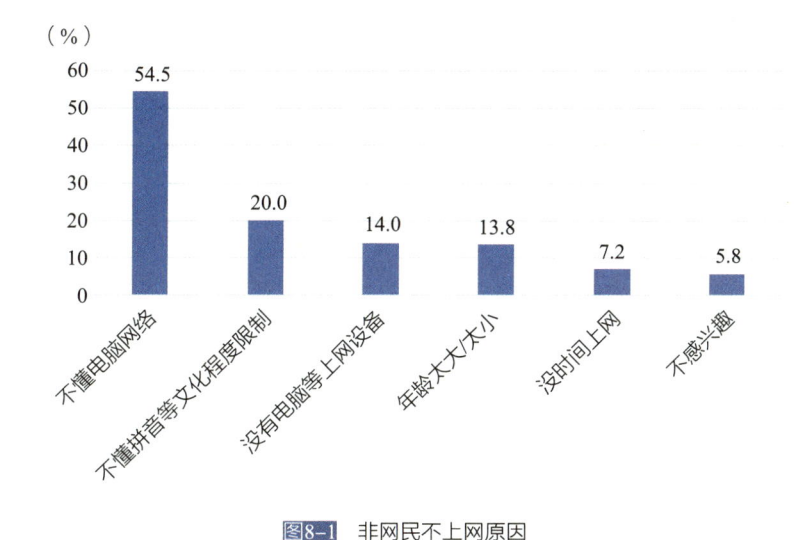

原因	百分比(%)
不懂电脑网络	54.5
不懂拼音等文化程度限制	20.0
没有电脑等上网设备	14.0
年龄太大/太小	13.8
没时间上网	7.2
不感兴趣	5.8

图8-1 非网民不上网原因

数据来源：《第48次中国互联网络发展状况统计报告》。

文化素养的老年群体，其学习需求和学习能力较之同龄老年人更高，其对新生事物的接受度也更高。在中国老年人中，未上过学（29.6%）和仅上过小学（41.5%）的老年人占据绝大比例，仅有25.8%的老年人接受过初中及以上教育，可想而知，具有较高学习基础的老年人仍占小部分。

最后，收入也是老年群体接入数字社会的重要基础。一般，可支配收入较高的老年群体更易接触数字社会下的各种新生事物，但中国目前仍有许多老年人仅依靠退休金或养老金支撑日常生活，遑谈接触数字媒体，进入数字和互联网体系。

老年人个体认知态度和感知取向等心理因素也造成了一定影响[1]。首先是认知易用性和认知有用性的缺乏。一方面，潜移默化下，老年群体天然地认为自己无法轻松使用数字产品。另一方面，老年人长久以来的生活消费习惯，使其感觉数字产品并非满足日常生活需要的必需品，例如，一些老年人认为基本的老年机和普通电视足以满足日常通信交流所需，而在较为偏僻的农村县城，老年人使用公共交通出行也多是以现金支付。其次是感知成本和感知风险的上升降低了老年群体对数字设备使用和数字信息获取的意愿。接触数字产品和服务后，老年群体会受限于其物质支付成本和心理支付成本，相对较高的产品价格和重新学习所需的时间精力让其不愿接纳。新型网络诈骗和数字信息诈骗等数字陷阱更是让其留下了数字产品和服务风险性高的刻板印象。

---

[1] 匡亚林. 老年群体数字融入障碍：影响要素、用户画像及政策回应[J]. 华中科技大学学报（社会科学版），2022，36（1）：46-53.

（二）社交因素

老年群体的人际网络关系对其信息技术使用行为也具有较大影响。与非老年群体相比，老年群体的人际关系网络较为狭窄，其更依赖内部关系，如亲属或小范围社交圈。其中，家庭的支持和交往是推动老年群体接入和使用数字产品和服务的主要动力。现代社会许多老年人和子女孙辈两地分居，为增加与家人的多元化联络，老年人会更为主动地学习应用各类数字产品。特别是当子女、孙辈给予老年人物质和精神支持时，老年人的动力会更为充足。实践显示，许多老年人数字设备来自家人购买，而其在面临数字困难时，也会优先选择向子女或亲属求助，其后才向身边同龄人寻求帮助[1]。

此外，邻里朋友等在老年群体的社交圈中也占据一定地位。当老年人身边的同学、朋友、邻居均开始使用智能手机和各类社交媒体时，老年人也容易受到影响，开始接触数字技术以满足多元社群交往，如获取社区信息、参与社区活动、维系朋友情感等[2]。

（三）社会因素

基础设施、政策法规、文教福利、公益扶持及网络信息安全等社

---

[1] 王明，闫慧. 农村居民跨越偶现式数字鸿沟过程中社会资本的价值——天津静海田野调查报告[J]. 中国图书馆学报，2013，39（5）：39-49.

[2] 宋佳琳. 强关系-弱关系视角下农村老年人智能手机使用影响因素研究[J]. 文献与数据学报，2021，3（2）：91-101.

会各因素均是老年人数字鸿沟产生的影响因素。其一，信息技术相关的基础设施和软件环境是接入并应用各类数字产品或服务的前提。但实践调查发现，超四成的老年人表达了信号不好、流量不够用等看法，显而易见，即使中国网络基础设施建造已经遍布全国各地，但落实到个人的接入情况却是千差万别。

其二，老年人数字化与社会福利属性也息息相关，例如政府和社会组织的广泛支持、相关扶持和补贴的政策法规等，特别是对老年人的数字信息权利保障上的福利支持。调查群体中超一半（54.4%）的老年人对智能产品和服务的价格持中立态度，甚至有近三成（28.2%）的老年人认为价格昂贵。这也从一定程度上反映出智能技术和服务在老年人群体中的福利性和市场性仍未达到平衡。

其三，网络信息安全环境也至关重要。数字技术的崛起带来了一系列安全隐患，这大大影响了老年人对数字安全的主观感受。在实践调查中，近四成老年人认为智能手机上的信息真假难辨，加之当前社会电信网络诈骗事件频发，许多老年人都遭遇过网上购物诈骗、"老朋友"诈骗、虚假中奖等各类诈骗事件（图8-2）[1]，再加上新闻媒体对数字陷阱事件的报道，都增加了老年人的警惕性，甚至造成不信任和偏见。

（四）科技与产业因素

适老化技术的缓慢发展一定程度上也引发并恶化了老年人数字鸿

---

[1] 南都大数据研究院. 老年人数字生活现状调查：半数担心被骗，仅两成曾接受培训[N]. 南方都市报，2021-08-25.

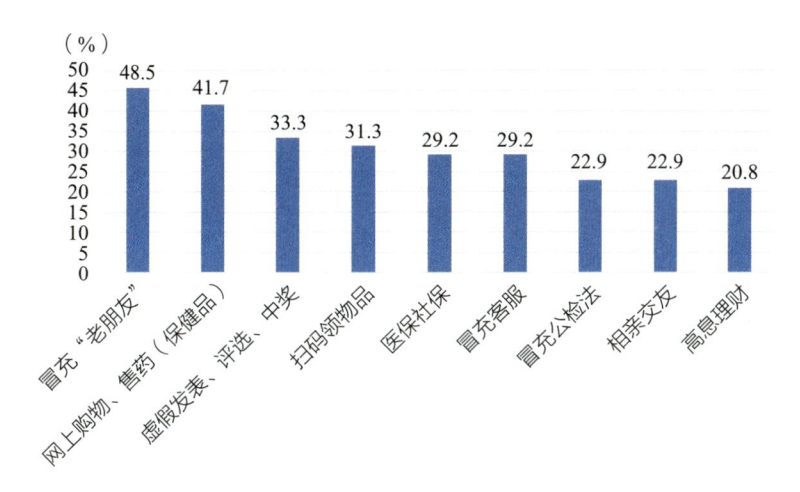

图8-2 老年人所遇诈骗类型

沟现象。在硬件方面，以手机为例，作为当下人们连接数字世界的重要门户，目前，主流的智能手机日益繁杂的操作设计和手势指令逐渐超出老年人的接受范围，即使是面向老年人所提供的老年机都存在触屏尺寸过小、按键布局密集、搜索方式繁杂等问题[1,2]。调查发现，超过17%的老年人反映过现实使用过程中手机的按键、字体等设计不合理，让他们很难操作。此外，与日常生活息息相关的智能家电产品也让老年人常常束手无措。老年群体是电视节目受众的最大群体，但市面上大多数智能电视机对老年人都"不友好"，电视交互需要多个遥

---

[1] Lee B., Chen Y., Hewitt L. Age differences in constraints encountered by seniors in their use of computers and the internet[J]. Computers in Human Behavior, 2011, 27（3）: 1231-1237.

[2] 张未平, 范君晖. 老年数字鸿沟的社会支持体系构建[J]. 老龄科学研究, 2019, 7（2）: 63-70.

控器，辅助设备多，套层的用户界面❶，这让老年人不得不"被迫"疏远曾经作为主要信息和娱乐来源的设备。

在软件方面，软件用途决定了其对老年人的适用性。近年来许多软件的设计具备一定复杂性，使得老年人的有效利用性降低❷。调查发现，近六成的老年人不会或不能熟练下载、更新手机应用，且据反映，老年人不使用智能设备和智能产品、服务的主要原因为"不会操作"（83.6%）、"用不着"（70.5%）等。从软件功能性上看，目前很少有专门针对老年群体的互联网产品或数字服务系统。尽管在工业和信息化部牵头下，有43个App完成了首轮适老化改造，但仍存在改造工作流于形式的问题，专区少、广告多、字体小等诸多不合规设计仍未彻底改善❸。由此表明，当前科技所提供的产品或服务与老年人需求匹配度仍待提升，适老化技术、产品和服务仍待开发或优化。

二、老年人数字鸿沟的不良后果

智慧社会下，技术的快速更迭使老年群体与其他群体在信息技术接入、使用和效能上的差距逐渐扩大，而这一数字差距（即数字鸿

---

❶ 中国家电网. 2022中国适老化电视调研报告[R/OL].（2022-02-12）[2022-07-25]. https：//www. 163.com/dy/article/HOIPO9DS0511B3FV.html.

❷ Jakob N. Web2. 0 can be dangerous [EB/OL].（2016-12-17）[2021-11-19]. http://www. useit.com/alertbox/web -2. Html.

❸ 蒲晓磊. 让App适老化改造真正走心 帮助老年人跨越"数字鸿沟"[N].法治日报，2022-02-08（07）.

沟）会产生更为持续且深刻的影响。外部环境的刺激和老年人自身的心理认知障碍使得老年人产生了许多数字融入困难下的行为选择：或者回避数字相关产品服务，或者抵制使用，或者刻意忽略。长此以往，老年人的行为使其主动或被动地与社会脱节，甚至被社会排斥在外，成为"数字难民"。伴随经济社会发展和人口老龄化程度的加深，老年人数字鸿沟的这种负面影响不再局限于老年群体自身，还会进一步重塑社会的经济、政治和阶层格局，进而引发一系列新的不良后果。

（一）个体层面：物质精神的侵损

数字鸿沟对老年人的影响主要体现在物质生活和精神生活两大维度（图8-3）。物质生活上，在老年人出行、购物、就医等日常高频需求场景中，老年人频频遭受数字阻碍。网上购物、扫码支付、线上挂号等对于中青年群体来说无比便利的事却困住了老年人。特别是新冠

图8-3　老年人数字鸿沟的个体影响

肺炎疫情下，许多老年人都面临着无手机或因使用老年机而无法出示健康码，导致出行不便的窘境。此情此景下，部分老年人改变原有生活方式，减少外出，成为"老宅族"，还有部分老年人在生活中频频碰壁，成为"碰壁族"[1]。

专栏 8.1

老年人日常生活中常见的"数字鸿沟"

出行难：老人因无法出示健康码，乘车被拒

2020年7月，一位老人因没有健康码，在乘坐地铁时受阻，与工作人员发生争执。即使工作人员多次强调出示健康码进站，但没有智能手机也没有健康码的老人仍然表示不解。

2020年8月，一位老人在乘坐公交车时，因没有手机无法出示健康码，司机不得不停车拒载。

购物难：50%老人网购遇难选择放弃

2020年《老年人数字生活报告》显示，淘宝老年用户虽然日活跃度规模不断增长，但支付率却依旧不见高。数据显示，老年人的求助场景集中在退款问题（42%）、商品相关问题（17%）、物流问题（16%）、支付问题（8%）及账号及操作问题（5%）。在退款问题场景中，老人的问题更多地集中在"操作"上，包括如何退货退款等。面对这些问题，50%的老人选择放弃购物，30%老人会选择向亲友求助，而剩余20%则依赖商家客服。

---

[1] 张盖伦.老年人的网络生活比你想象的精彩，但问题依然存在[N].科技日报，2021-09-26.

> **就医难：智慧医疗带来的新困惑**
>
> 　　智慧医疗的蓬勃发展下，近年来绝大多数医院将挂号、缴费等业务由线下转移至线上，患者凭借智能终端便可享受优质医疗服务，足不出户便可通过网络预约挂号。然而，对于不习惯或不会使用却具有更多就医需求的老年人来说，便捷的线上操作却成了制约。许多老年人不得不一大早去医院排队挂号，面对自助收费、打印检查报告等数字化服务系统更是不知所措。
>
> 资料来源：根据网上新闻报道删减整理。

　　精神生活上，老年人的安全感、倾诉欲、自我效能感逐渐丧失，引发恐惧、焦虑、孤独等"心病"。其一，老年人在面对复杂网络信息时，缺乏一定的选择和辨别能力，易成为不法分子的目标，陷入网络诈骗、网络谣言、虚假广告、理财欺诈等数字陷阱，久而久之，其对数字社会产生排斥和恐惧心理。其二，数字鸿沟将老年人的精神世界和中青年群体隔绝开，降低了面对面沟通交流的频率。那些身体不便、独居留守的老年人，不仅缺乏与家人沟通的机会，也因闭塞的信息环境而与社会脱节，导致其处于倾诉无门的状态。很多老年人因为缺乏引导和陪伴，便将自己完全投入手机网络世界中。数据显示，中国有超过十万老年人几乎全天候生活在移动网络上，单个App的使用时长超过4个小时，甚至8个小时，生活状态呈现出极致的孤独[1]。其

---

[1] 趣头条，澎湃新闻. 2020老年人互联网生活报告［EB/OL］（2020-10-24）［2021-11-20］. https://baijiahao.baidu.com/s?id=1681447982927767798&wfr=spider&for=pc.

三，数字鸿沟加快了老年人自我效能感的丧失。其无法适应技术变化，怀疑自我价值，从被家人依赖到依赖家人的身份转变使其焦虑不安。

（二）经济层面：经济不平等的扩大

数字鸿沟的存在使老年人很难利用数字技术获取经济收入，也很难共享数字技术带来的经济红利。在获取经济收入上，随着企业数字化、办公线上化、生产智能化的发展，数字信息技术对生产运营、合作分工的影响越来越大，其可能会毁掉一部分岗位又创造一部分岗位❶。此时，占据数字优势的群体会从原有劳动领域中分化，从事新的或更高层次的岗位，而处于数字劣势的群体，如老年人则会被置于无足轻重的岗位，甚至被淘汰。数据显示，中国60岁及以上老年人中超过2554万人的收入低于国家统计局公布的贫困线，其中独居老年人和农村空巢老人更是收入贫困高发群体。另有数据显示，日韩两国65岁及以上老年人参与劳动比例达32.2%和24.7%，而中国60岁及以上身体健康的老年人有近80%未参与有偿劳动❷。其原因一方面是由于老年群体数字技能落后，另一方面则是社会群体已然形成了一定共识，即老

---

❶ 蔡昉. 谨防数字经济时代的劳动力"内卷"[EB/OL].（2021-06-25）[2021-10-21]. https://m.thepaper.cn/baijiahao_13008645.
❷ 西南财经大学中国家庭金融调查与研究中心. 老龄化社会的重大课题：老年人口因何致贫，如何脱贫？[EB/OL].（2020-10-28）[2022-04-13]. https://wallstreetcn.com/articles/3608608.

年人很难跟得上智慧社会的发展。

在共享经济红利上，随着商品、用户、服务线上一体化的新经济模式崛起，老年人已然从拥抱数字红利的队伍中掉队。面对线上买菜、扫码点单、远程配送等新鲜事物，很多老年人都表现出茫然和害怕。即使是面对监测仪、护理机器人等老年人智能产品，更多老年人也是处于不会用、不敢用的状态，何谈借数字技术提升自身生活质量。尽管老年人自身学习能力下降是数字红利共享不佳的原因之一，但究其原因，主要是现有的数字化产品和公共服务并未主动关照老年人需求，导致老年人"掉队"。

（三）社会层面：社会分化的加剧

数字信息技术日新月异，即使老年人奋力"追赶"，也仍被甩在身后，久而久之，老年人"不适合、不喜欢、不想要技术"成为某种共识[1]。数字鸿沟会加剧老年人对社会的排斥，进而导致老年人与现代社会的进一步分化与撕裂，使其处于一个不平等地位。

一方面是社会权利分化的加剧。智慧社会背景下，因数字接入和数字使用的差距，老年群体获取社会发展资源的机会和渠道不足，甚至处于社会权利的边缘地带，其无法参与社会发展和共享发展成果。最为基本也最为典型的便是社会公共服务的获取，现实社会中，数字技术应用和适老服务理念之间存在的明显偏差，例如，94岁行动不便

---

[1] 代小佩. 智能时代，老年人不该被忽视[N]. 科技日报，2020-10-26（04）.

的老人被要求到银行进行人脸识别以激活社保卡[1]，这类事件表明老年人被"排挤"在本该便捷生活的社会公共服务体系之外，无法公平享受社会权利。

另一方面是社会阶层分化的加剧。对于社会资源占有的不同引发了社会分层现象，智慧社会下，数字技术的演变将社会公众划分为"数字原住民""数字移民"和"数字难民"[2]，"数字原住民"和"数字移民"这些数字素养更高的人群更能利用数字信息技术进行"资本提升型"活动，从而占据更多资源。这也使得社会差异从线下实体空间延伸，再现至数字虚拟空间[3,4]。被冠上了"弱势群体"标签的老年人由于数字资源和数字素养上的差距使其落于智慧社会底层，很难通过数字资源来创造生产价值，延续生产力。也许，在短期内，老年人数字鸿沟并不会成为代际间贫富差距的决定因素，但是长期来看，老年人若一直处于智慧社会的"数字底层"，那么其存在感、参与感会逐渐降低，最后被其他阶层排斥在智慧社会发展的目标群体中，例如，新冠肺炎疫情期间，多地都通过第三方线上平台进行发放消费券，无意识地将缺乏智能手机、缺乏平台账户的老年人群体排除在消费券受益群体之外。

---

[1] 人民网新媒体智库. 2.5亿老人能否生活在数字社会之外？谈适老服务偏差与破局[EB/OL]. （2022-11-27）[2022-02-16]. https://baijiahao.baidu.com/s?id=1684476546713506054&wfr=spider&for=pc.

[2] Fryer, W."Digital refugees and bridges."[EB/OL]. （2006-10-20）[2021-11-22]. acessível em http://www.infinitethinkingmachine.org/2006/10/digital-refugees-and-bridges.html.

[3] Ignatow G, Robinson L.Pierre Bourdieu: Theorizing the Digital.Information [J]. Communication & Society, 2017, 20（7）: 950-966.

[4] 赵万里，谢榕. 数字不平等与社会分层：信息沟通技术的社会不平等效应探析[J]. 科学与社会，2020, 10（1）: 32-45.

（四）政治层面：公共参与的弱化

随着数字技术在政府决策和公共服务中的逐步运用，排斥在数字技术外的老年人群体公共参与的实效性、代表性弱化。老年人很难利用数字技术获取有效且及时的公共信息。现如今，公民活动愈加多样化，网上讨论公共议题的频率越来越高，从手机应用获取公共信息已然成为主流趋势。老年人由于数字接入和使用的差距，其所能获取的公共信息有限，很难参与网络讨论。

另外，老年人很难利用数字技术作为反馈自身利益诉求的有效渠道之一。数字富有者可以借助各种渠道广泛表达民意，参与公共服务制定，例如微博、微信公众号、豆瓣、抖音等自媒体平台为公众提供了充分表达自我想法、构建自我话语的场域[1]，但老年人作为数字贫困群体很难利用这些平台。在这种老年人较难"发声"的情况下，民意难免失之偏颇。

三、小结

人口老龄化和社会数字化的推进使得老年人数字鸿沟成为理论界和实践界都重点关注的问题，在理论总结和实践探索下，已经形成从前因到后果的清晰问题路径。一方面，在对老年人数字接入、使用和

---

[1] 杨蔚. 老年人新"数字鸿沟"现象与思考[N]. 中国文化报，2021-12-21（03）.

效能三大表现的认识上，老年人数字鸿沟的影响因素探索也已然有了综合性、全面性的考虑。老年人数字鸿沟的影响因素主要可以归纳为个人、社交、社会和科技与产业四大方面。

另一方面，老年人数字鸿沟的影响不局限于微观层面，也存在于中观和宏观层面。概括来看，主要分为个体、经济、社会和政治四大方面，其中，个体层面强调老年人的物质生活和精神意志影响，经济层面则是老年人与其他群体的经济收入差距和经济红利共享差距的扩大，社会层面则是社会权利和社会阶层分化的加剧，而政治层面主要是指老年人处于公共参与的边缘地带。

第九章

老年人数字鸿沟治理的问题和挑战

老年人数字鸿沟已经是不可回避的社会现实，它不仅给老年群体带来了日益严重的负面影响，也成为社会经济、政治发展的消极因素之一，因此逐渐受到各界的广泛关注，老年人数字鸿沟的治理也相应地提上了日程。不过，从现实来看，当前老年人数字鸿沟治理并不容易，存在各种问题，也面临一系列挑战。

一、老年人数字鸿沟治理存在的问题

相比于发达国家上百年的老龄化进程，我国仅用了短短几十年就进入了人口老龄化，速度快了很多❶。如何面对突如其来的老龄化现实，这给老年人数字鸿沟的治理带来很多挑战。

---

❶ 盘古智库老龄社会研究中心，老龄社会30人论坛．大转折：从民生、经济到社会——老龄社会研究报告［R/OL］．（2019-03-01）［2022-04-13］．http://www.cnctrip.com/blog/html/13/n-213.html.

（一）缺乏明确、具体的理念指导

我国坚持发展为了人民、发展依靠人民、发展成果由人民共享。具体落实到每一项政策的制定与执行上，都要以人民为中心，维护和实现广大人民的根本利益。老年人作为社会上越来越庞大的群体，其利益和需求当然不能忽略。数字鸿沟使得老年人无法充分享受信息社会的各种便利，也不同程度地伤害到了老年人的经济、政治利益，这与以人民为中心的发展思想相悖。但是，如何在老年人数字鸿沟治理上践行以人民为中心的发展思想，构建相应具体的政策机制和执行体系，还缺乏进一步的宏观指导，有待深入探索。

（二）相关公共政策尚未建立长效机制

老年人数字鸿沟治理关乎的不仅是某一个群体或某一个行业，而是整个社会。因此，政府对相关行业及群体的规范、引导和监管责无旁贷，但是政府部门的有关公共政策却不尽如人意。首先，政策起步晚，基础弱。2015年以来，国家层面陆续出台了一些文件，或促进互联网发展，将"互联网+"上升至国家战略层面[1]，或聚焦养老服务，如国务院办公厅《关于全面放开养老服务市场提升养老服务质量的若干意见》。其次，政策缺乏强制性和规范性。为了加快智慧健康养老

---

[1] 中国政府网. 国务院关于积极推进"互联网+"行动的指导意见［EB/OL］.（2015-07-04）［2021-10-30］. http://www.gov.cn/zhengce/content/2015-07/04/content_10002.htm.

产业发展，有效提高智慧健康养老产品与服务的供给水平，工业和信息化部、民政部、国家卫生健康委员会联合发布了《智慧健康养老产业发展行动计划（2017—2020年）》《智慧健康养老产品及服务推广目录（2018年版）》，但都以指导和鼓励为主，强制性和规范性不足。新冠肺炎疫情暴发后，健康码在全国大范围推广，使用智能手机随之成为出行的必备技能，而不少老年人由于缺乏或不会使用智能手机，不能提供健康码，以致其出行受阻，进而使得老年人数字鸿沟问题集中爆发和凸显出来。2020年11月，国务院办公厅印发《关于切实解决老年人运用智能技术困难的实施方案》，以进一步推动解决老年人在运用智能技术方面遇到的困难。

（三）社会整合行动不足

正所谓"人人会变老，家家有老人"。人口老龄化问题本就关系千家万户。老年人数字鸿沟问题的成因比较复杂，固然受老年人由于衰老伴随而来的身体机能退化，以及个体经济水平、文化程度等内部因素，也还受市场上数字产品与服务供给以及社会观念、政府政策导向等诸多外部因素影响。因此，老年人数字鸿沟的治理不能单靠某一方，而需要政府、市场、社区、家庭及老年人自身等多方共同着力。现实的问题是：社会普遍缺乏对老年人数字技能及数字素养的重视，政府的公共政策滞后；市场不成熟，企业作为数字产品与服务的供给主体相对忽视老年人需求；社会上缺乏针对老年人数字技能相关的服务支持；社区在老年人使用数字产品及技能的提升方面参与度较低；

老年人自身及其家庭对此重要性认识不足。各方在老年人数字鸿沟治理方面的行动都不足，更遑论进行有效整合了。

二、老年人数字鸿沟治理面临的挑战

如前所述，老年人数字鸿沟的成因较为复杂，其治理自然也并不简单，面临诸多挑战。

（一）供需市场规律带来的挑战

任何一个产业的培育和成熟都不是短期内可以完成的。当社会对老龄化问题反应较为滞后，且这种滞后体现在市场层面时，就是整个养老服务业孕育不够。同时，数字技术处于不断创新的前沿领域，其接纳与使用对文化程度与收入水平本就有一定的要求；在推广过程中，根据创新扩散理论，新技术的普及还会受到社会、文化、技术本身等多种因素的影响。受年龄、经济水平和教育程度等的限制，老年人在接纳和使用数字化产品与服务上与其他群体有较大差距，呈现滞后的状态，对适老化的数字技术和数字产品购买力不足，抑制了潜在的市场需求。市场是供需关系的调节器，会影响企业对数字适老化产品与服务的创新投入、供给水平，这也给老年人数字鸿沟治理带来一系列挑战。

科技创新投入难。治理老年人数字鸿沟、提高数字适老化的使用水平，科技创新是重要保障。但是，智能养老产业作为新兴产业尚处于发展初期，本来就需要较高的投入，加之潜在的市场需求没有激发出来，直接导致数字适老化领域相关的科技创新投入难度较大。

一方面，现阶段的老年人文化程度普遍不高。根据第七次全国人口普查数据❶，我国小学文化程度达3.5亿人，文化程度低的人口中，老年人居多。另一方面，老年人身体机能情况不同，有的人存在视力、触觉、听力、肢体灵敏性等问题，而数字技术、数字产品的要求对于老年人来说较为复杂，完全契合老年人特点和需求的数字技术与产品的创新投入大、收益低、市场风险大。因此，在适老化相关科技创新上，中小企业由于资金相对紧张，对此不敢投入；大企业有投资的经济实力，但在缺乏政策支持和倾斜的背景下，面对需求不足、短期前景并不乐观的数字适老化市场，也不愿投入。

数字适老化使用难。数字适老化领域相关的科技创新投入难度较大，严重影响了数字适老化产品与服务的水平，使得数字适老化产品与服务滞后于老年人相对多元、复杂的潜在需求，使用上困难重重。

首先是形式上不易操作。出于经济利益的考虑，市场上的数字产品与服务多以满足主流群体年轻人的需求为导向，较少考虑老年人的特点和需求。比如，现有的智能手机大多不耐摔、不防水，触屏界面按钮和字体较小，操作较为烦琐，对于老年人来说很不便利。此类问题导致了老年人在"触网"过程中遇冷，失能老年人在日渐数字化的

---

❶ 国家统计局. 第七次全国人口普查公报（第六号）[R/OL]. （2021-05-11）[2022-07-26]. http://www.gov.cn/xinwen/2018-08/09/content_5312753.htm.

社会中更是受挫。

其次是内容上缺乏针对性。相比其他年龄层的群体，老年人在身心上有自己的特点，需求也相对特殊——他们更多关注医疗健康、社交通信、金融服务、旅游出行及社会新闻等方面的资讯。很多热门网站设有多个细分频道，如女性、母婴、娱乐、旅游、新闻等多达数十种，却没有单独针对老年人的频道，内容的编排设计上也没有特别考虑老年人的特点和需求。老年人想要获取信息，就必须自己去搜索和整理，而操作的烦琐与互动界面的转换又让老年人心生退意，进而产生诸多不便。对于不同程度的失能老年人来说，他们大多需要借助能够弥补技能缺陷的辅助应用设备和服务才能有尊严、有质量地生活，他们由于慢性疾病或身体缺陷较可能引发如自卑、焦虑甚至抑郁等消极心理，因此，失能老年人对智能产品与服务的内容较一般老年人有更为复杂的需求和更高的期待。然而，这些需求暂时并未能得到重视与回应，当前数字化市场依旧以年轻化群体为主，适老化专用网站、移动应用程序及无障碍软件的开发建设都还处于初级发展阶段，大多数为老年人服务的数字平台以提供基本服务为主，提供专业服务的平台极少。整体来说，数字产品与服务忽视老年人，相关智能技术滞后，使得数字适老化使用难，加剧了老年人数字鸿沟治理的难度。

信息资源供给难。信息资源是指基于信息的人类赖以生存、发展的战略资源，包括各种文献图书资源、各类经济信息资源等。信息资源有广义和狭义之分。广义的信息资源包括信息资源的内容及其赖以存在的各种媒介、设备和基础设施，狭义的信息资源主要指信息资源的内容。当代的信息资源[1]主要是基于网络而存在，因此，掌握基本的信息技术、熟练应用各种网络终端就成为获取、利用信息资源的基础和前提。

当前，老年人由于年龄的增长导致身体机能逐步下降，思维、认知能力随之退化，难以适应数字技术日新月异的发展。同时，数字技术、数字产品更新换代快，基于市场需求，信息产品和数字产品主要考虑年青一代的特点和偏好，忽视老年人；多数智能化设备和产品适老化程度低[2]。虽然电脑、数字电视和智能手机等常见的信息资源终端已经逐渐成为寻常物品，但是老年人受年龄、教育程度、经济水平及观念等因素影响，难以及时跟上数字技术日新月异的发展步伐，甚至没有基本的数字设备。中国社会科学院社会发展战略研究院调研后指出，老年人数字生活面临的障碍，第一个是网络接入，第二个是软件操作[3]。研究结果恰好对应数字鸿沟下老年人在接入和使用上的劣势状态。没有数字设备或接入网络，数字设备使用技能缺乏，导致信息资源无法获取或者获取后难以达成使用预期，进而加剧老年人数字鸿沟的程度，形成恶性循环。这对于老年人数字鸿沟的治理无疑是极大的挑战。

---

[1] 本书基于老年人数字鸿沟的论述角度，所说的信息资源的供给主要取狭义的理解，即信息资源的内容本身，进而特指网络信息资源的供给。

[2] 何铨、张湘笛．老年人数字鸿沟的影响因素及社会融合策略［J］．浙江工业大学学报（社科版），2017（12）：437-441.

[3] 中国青年网．老年人的网络生活比你想象的精彩，但问题依然存在［EB/OL］．（2021-09-26）［2021-10-10］．https://baijiahao.baidu.com/s?id=1711960372644720091&wfr=spider&for=pc．

（二）家庭代际结构变化带来的挑战

老年人数字鸿沟不只体现在社会层面，家庭层面也表现明显。父母（亲代）与子女（子代）之间本身就存在价值观、知识体系、谋生技能和生活方式等多方面的差异，即"代沟"。在数字化浪潮的冲击之下，传统的代沟衍生出代际数字鸿沟，表现为亲代与子代之间在数字产品的接入、使用及与之相关的知识方面的显著差异[1]。研究表明，老年人在接入、使用和知识三个维度上都明显处于劣势。亲代与子代之间不仅存在数字代沟，其实也存在互动，即数字反哺或代际反哺。"代际反哺"是指子代传授数字技术和数字产品使用技能给亲代，帮助亲代接纳数字产品、获得或提高数字技术和数字产品的使用技能，缩小或消除亲代的数字鸿沟，让亲代能够享受数字技术带来的红利。在西方，代际在新媒体的接入、使用和相关知识上进行互动，已经成为缩小数字代沟的重要途径[2]。在我国，一方面，家庭内部已经出现了代际的数字反哺，使家庭内缩小数字鸿沟成为可能；另一方面，家庭结构及相关变化也使得这一途径面临挑战，出现了代际反哺难。

家庭结构缩小。近年来，中国的家庭结构趋于小型化和核心化，很多老年人与子女并不居住在一起。根据第七次全国人口普查公报，

---

[1] 周裕琼. 数字代沟与文化反哺：对家庭内"静悄悄的革命"的量化考察[J]. 新媒体研究, 2014（2）: 117-123.

[2] Bailey, A., Ngwenyama, O.（2010）. Bridging the Generation Gap in ICT Use: Interrogating Identity, Technology and Interactions in Community Telecenters. Information Technology for Development, 16（1）: 62-82.

我国平均每个家庭户的人口只有2.62人，比2010年第六次全国人口普查的3.1人减少0.48人❶。有机构研究发现，老年人与子女同住的比例逐渐下降。调研数据表明，65.5%的老年人选择独立居住（一人独居或与老伴同住），仅26.8%的老年人当前居住状态是与子女同住，在80岁及以上高龄群体中，老年人独立居住比例达48%❷。另有数据显示，我国老年空巢率已达半数，大中城市达70%❸。老年人记忆力、动手能力下降，数字产品和数字技术更新换代频率高，老年人要掌握数字技术、学会应用数字产品，需要年轻一代进行传授、讲解和示范，但是老年人趋向独居、与子女同住率低，使得代际反哺缺乏现实条件。

人口流动加剧。除了家庭结构的改变，还有城乡、地区经济社会发展差距环境下，人口流动频繁。第七次全国人口普查数据显示，我国人户分离人口达4.93亿，流动人口3.76亿，其中，跨省流动人口为1.25亿，省内流动人口为2.51亿，流动人口增加1.54亿，增长69.73%❹。在人口频繁流动及分离的状态下，代际沟通交流有限，既降低了代际反哺的可能性，也加剧了老年人和子女之间价值观念、生活方式等差异，增加了代际反哺的难度。

---

❶ 国家统计局. 第七次全国人口普查统计公报（第二号）[R/OL]. http://www.stats.gov.cn/tjsj/tjgb/rkpcgb/qgrkpcgb/202106/t20210628_1818821.html.

❷ 贝壳研究院. 超6成老人不与子女同住，明年的退休高峰会怎样影响住宅 [EB/OL].（2021-10-14）[2021-10-28]. https://baijiahao.baidu.com/s?id=1713597157047626975&wfr=spider&for=pc.

❸ 梁春晓. 构建全龄包容、多元共享、智能创新的老龄社会 [J]. 经济导刊, 2019（12）: 54-57.

❹ 国家统计局. 第七次全国人口普查公报（第七号）. [R/OL]. （2021-05-11）[2021-10-30]. http://www.stats.gov.cn/tjsj/tjgb/rkpcgb/qgrkpcgb/202106/t20210628_1818826.html.

（三）生命历程规律带来的挑战

生命日渐衰老，而技术总是趋向更新。老年人似乎永远滞后于技术革新，数字鸿沟几乎不可避免，这成为信息社会发展进程中残酷的现实。

老年人数字鸿沟的消弭最终取决于老年人自身数字素养的提升。"数字素养"由以色列学者约拉姆·艾希特-阿尔卡莱（Yoram Eshet-Alkalai）于1994年首先提出，他认为该素养应包含图片-图像素养、创新素养、分支素养、信息素养与社会-情感素养5个方面[1]。简而言之，数字素养指在数字环境下利用一定的信息技术、数字技术的手段和方法，使用数字产品，能够快速、有效地发现并获取信息、评价信息、整合信息、交流和利用信息及数字产品的综合科学技能与文化素养。如何提升老年人的数字素养，使其跟上数字技术更新的步伐，是老年人数字鸿沟治理不能回避的现实问题。但是，要提升我国老年人的数字素养并不容易。

老年人整体经济收入偏低。拥有智能手机等基本的数字设备是数字素养提升的前提，而接纳和获得数字产品直接受到个体经济收入的限制。随着年龄增长，城镇老年人逐步退出劳动力市场，经济收入下降，养老金低于在岗工资水平；目前，农村的养老保障体系并不完善，老年人一旦丧失劳动能力，基本没有独立于子女的收入，总体上

---

[1] Eshet-Alkalai Y. Digital literacy: a conceptual framework for survival skills in the digital era [J]. Journal of Educational Multimedia and Hypermedia, 2004, 13（1）: 93-106.

来说，老年人经济收入偏低，而购买数字产品并接入网络的费用则不菲。因此，在经济收入较低与数字产品费用偏高的冲突之下，老年人数字素养的提升就是很现实的难题。

老年人身体机能衰退和文化水平较低。 当然，也有不少老年人具备足够的经济实力，可以拥有数字产品并顺利接入互联网，但是由于生理机能衰退，动作协调性下降，他们在数字产品的使用上又存在困难。另外，不少老年人文化程度有限，导致其接纳数字产品、学习数字技能的能力有限，从而对信息技术、数字产品产生疏离感和抗拒感，这些都是老年人数字素养提升面临的重大挑战。可见，老年人的身体状况影响了其文化、收入水平的提高，使其改善数字素养变得艰难。

社会层面对老年人数字需求不够关注和重视。 与前述老年人自身微观因素难以把控不同，社会宏观环境对老年人数字素养的影响虽然看似可控，但其影响更加广泛和深远。现代社会的老年人经济社会地位较传统社会相对下降，老年群体的影响力和话语权也随之减弱；社会刻板印象认为，老年人跟不上时代发展步伐、不会使用数字产品及运用相关数字技术是正常现象，科技、商业在数字产品与服务上更关注年轻世代的需求；社会整体对老年人数字素养关注和重视不够，宣传、教育不到位，很大程度上降低了老年人数字素养提升的意愿，进而加剧老年人数字素养提升的难度。

三、小结

总体而言，老年人数字鸿沟治理面临一系列挑战，这些挑战既相对独立，又相互交织。既有老年人自身的经济社会地位、生理机能等个体、家庭等微观因素，也有社区、企业、社会组织等中观因素，还有市场和国家政策等宏观因素。因此，缩小、消弭数字鸿沟，需要政府、社会及个人重视老年人数字化需求，共同努力，采取综合性的有效手段，逐步提高老年人的数字素养，使其融入数字社会，充分享受数字社会的红利，发展幸福养老，实现康养结合。

行动篇

迈向数字包容的智慧老龄社会

国家应从发展与治理的层面,关注老年人面临的数字鸿沟问题,以数字包容为基本框架,行动起来,消弭老年人数字鸿沟,构建数字包容的智慧老龄社会。

第十章

国际、国内跨越数字鸿沟的理念与行动倡导

当前，全球数字化发展进程不断推进，但不同国家、地区和群体之间的数字化发展不平衡问题也日益突出。发达国家与发展中国家、城市与农村、老年人与年轻人的数字鸿沟持续扩大，如何保证数字化成果惠及所有人，成为国际、国内关注的焦点。目前，国际、国内都在持续加强地区和国家间数字合作，努力弥合数字鸿沟，确保可持续的互联互通。

一、国际理念与行动倡导

（一）联合国：以老年数字包容可持续发展理念为引领

"不让任何一个人掉队"的治理理念。2015年9月，联合国可持续发展峰会通过了《变革我们的世界：2030年可持续发展议程》。数字包容、平等原则及"不让任何一个人掉队"的理念被纳入其中。

> **专栏 10.1**
>
> **消除老年人数字贫困的举措** [1]
>
> 1. 推广智能可穿戴设备，确保健康的生活方式，使用数字医疗手段和智慧照护科技促进老年人的福祉；
>
> 2. 为所有老年人提供包容、公平的数字素质教育，形成全民终身学习型社会；
>
> 3. 确保数字弱势群体能够平等地利用数字技术，尤其要关注城乡、年龄和性别鸿沟，以提高数字包容性；
>
> 4. 提升数字经济的包容和可持续性，支持生活困难的老年人拥有体面工作的机会；
>
> 5. 建设环境友好、网络普惠和信息安全的智慧城市及养老社区；
>
> 6. 保护老年人免受电信、金融诈骗的侵害，为老年人提供便利的司法救济途径，并在各级政府建立完善的问责体制；
>
> 7. 全球各地政府、科技企业、社会和家庭之间建立更牢固的合作伙伴关系，促进全球共建、全民共享的老年数字包容型社会治理格局的形成。

数字素养的概念正是在这个背景下提出来的。2018年，联合国教科文组织统计研究所将"数字素养"界定为"通过数字技术安全、合理地获取、管理、理解、整合、交流、评价和创造信息，以促进就

---

[1] 潘君豪，杨一帆. 老年数字包容型社会的整体性治理研究[J]. 西南交通大学学报（社会科学版），2021, 22（2）：94-101.

业、体面工作和创业的能力"❶。数字素养主要包括三个核心维度，即能力、认知和参与（图10-1）。从这三个维度去提高数字素养，对于提升全民数字素养具有重要意义。

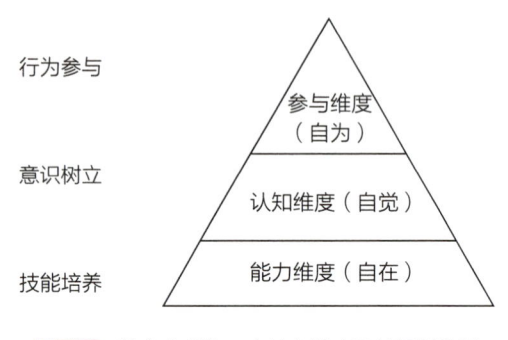

```
行为参与              参与维度
                     （自为）

意识树立           认知维度（自觉）

技能培养          能力维度（自在）
```

图10-1　数字素养的三个核心维度及其逻辑关联

> **专栏 10.2**
>
> **数字素养或数字能力领域**
>
> 数字素养或数字能力涵盖以下五个领域：
>
> 1. 信息和数据素养（浏览、搜索、过滤、评价和管理数据、信息和数字内容）。

---

❶ UIS. A Global Framework of Reference on Digital Literacy Skills for Indicator 4.4.2 [EB/OL].（2018-03-19）[2022-04-13]. http://uis.unesco.org/en/blog/global-framework-measure-digital-literacy.

2. 沟通与协作素养（通过数据技术互动、分享、合作；通过数据技术以公民身份参与；网络礼仪；管理数字身份）。

3. 数字内容创作素养（开发、整合并重新阐述数字内容；版权和许可证；编程）。

4. 数字安全素养（设备保护；个人数据和隐私保护；健康和福利保护；环境保护）。

5. 问题解决素养（解决技术问题；发现需求和技术响应；创造性地使用数据技术；辨识数字素养鸿沟）。

2013年，联合国教科文组织提出了"媒介与信息素养"（media and information literacy）的定义。媒介与信息素养被定义为一组赋权公民的能力，包括以批判的、伦理的和有效的方式去接近、获取、理解、评估、利用和创造以及分享信息和分享各种形式媒介的内容的能力，使之能够参与或从事个人的、职业的和社会的活动[1]。该定义表明，媒介与信息素养是一组相互交叉的概念群，包括基础素养、数字素养、信息通信技术素养、信息素养、媒介素养、新闻素养、图书馆素养、文化多元性及其他形式的素养等。

"人人可及"的普遍性概念。2019年，联合国教科文组织发布了

---

[1] 金蜜蜂. 发改委等23部门发文加码儿童权益保护｜从儿童基本权利看平台企业儿童友好治理［EB/OL］.（2021-11-21）［2022-04-13］. https://new.qq.com/omn/20211121/20211121A02QKE00.html.

《互联网普遍性指标——互联网发展评估框架》（简称《框架》），提出了互联网普遍性概念。其中，"人人可及"（accessibility to all）为互联网普遍性概念的核心。它超越电信普遍服务的概念，不仅指连通性问题，还包括可负担性、内容和能力等问题。《框架》还指出，我们不可能孤立地解决数字鸿沟问题，要与解决社会内部其他结构性不平等问题并举，这些结构性不平等问题受一系列因素影响，如性别、年龄、教育、文化程度、语言和残疾等。如不进行"人人可及"的干预，互联网的优点会更多惠及那些具有经济和教育优势的人，从而加剧而非缓和不平衡的现状。

"数字平等"和"数字包容"的社会治理。2015年，联合国大会第七十届会议通过了《2030年可持续发展议程》，呼吁大幅增加拥有"技术技能和职业技能等相关技能"的人数，促进充分的生产性就业和人人获得体面工作。媒体和信息素养认可对于实现这一目标具有重要意义，这包括基本的读写能力、有效使用在线服务和应用程序的能力，以及其他不同程度的技术能力等。其评估指标包括学校和高等教育课程是否聚焦有效、个体能否安全使用互联网信息和通信技术及媒体等。2019年7月，联合国秘书长数字合作高级别小组发布《数字相互依存的时代——联合国数字合作高级别小组报告》（简称《报告》）。《报告》认为，"数字不平等"现象的加剧将引发民众焦虑情绪、侵蚀公众信任、破坏社会和谐，成为破坏公民人权的重要影响因素，而基于"数字平等"和"数字包容"的社会治理能够为国内生产总值、国家稳定和社会组织的效率带来根本性的变革。因此，《报告》呼吁建设包容性数字经济和社会，确保每个成年人都能获得可负担的数字网络及数字金融和医疗服务，建立广泛的多方利益攸关方联盟，为实现可持续发展目标共同分享数字公共产品和数据。

（二）世界银行：以价值、信任和公平原则为基础

数字红利。数字红利指的是数字技术的发展促进经济增长、扩大就业、改善服务。但是，数字红利惠及的对象和区域仍然受限，还有众多区域没有享受到数字红利。《2016年世界发展报告：数字红利》一书中指出，全球数字鸿沟依然巨大，不同地区之间数字连通和数字技术能力差距显著。远离数字技术并缺少适应教育和技能的人会在生产效率和信息处理上明显落后于发达地区，加剧不平等现象。60亿人没有高速宽带互联网连接，其中约40亿人完全不能访问互联网，近20亿人没有手机[1]。数字鸿沟普遍存在于不同收入、年龄、地理区域和性别的人群之间。

同时，该报告指出，数字鸿沟的最大的障碍不在于技术，而在于技术如何与其他重要发展因素互动。各国需要加强重要的非数字配套机制的建设：支持企业连通、竞争的法规，可以被技术加强而不是将被技术取代的技能，以及有力而问责到位的体制。只是利用技术自动化任务操作，广泛效益就依然难以实现。

数据改善生活。《2021年世界发展报告：让数据创造更好生活》

---

[1] 世界银行. 2016年世界发展报告：数字红利 [M]. 北京：清华大学出版社，2017.

表明，就数据促进发展的全部潜力而言，撒哈拉以南非洲地区的数字连通性差，低收入国家和地区间缺乏数据交换、存储和处理的现代化基础设施，具有非常大的发展潜力，其当务之急是改善数字技术的基础设施。新冠肺炎疫情期间，远程工作的普及暴露出掌握数字技术的群体与缺乏数字技术的群体之间的数字鸿沟，这提醒各方需要努力使贫困人群和低收入国家获得公平使用手机和互联网的机会。新冠肺炎疫情防控妨碍了许多国家的基本数据收集，凸显投资建设数字基础设施、数据系统和提升政府统计能力的必要性。同时，该报告强调，无所作为会付出高昂代价，导致错失良机和加剧不平等。订立针对数据的新社会契约——以价值、信任和公平原则为基础的社会契约——最终将发挥作用。

（三）经济合作与发展组织：以数字战略为核心

20世纪80年代末，经济合作与发展组织把电信普遍服务定义为"任何人在任何地点都以承担得起的价格享受电信业务，而且业务质量和资费标准一视同仁"[1]。经济合作与发展组织2019年11月27日发布《数字经济展望2020》，提出新冠肺炎疫情流行扩大了数字化转型的应用范围，凸显了缩小数字鸿沟的必要性。经济合作与发展组织成员国正在加强数字化转型的战略方针，成员国的网络连接持续改善，互

---

[1] 彭熙海，褚格林. 论电信消费者的特殊性权利及其保护机制 [J]. 河北法学，2005（10）：53-58.

联网使用量迅速增加,但数字鸿沟依然存在,且存在一定的网络安全问题❶。

> **专栏 10.3**
>
> **经济合作与发展组织缩减数字鸿沟案例**
>
> 经济合作与发展组织国家中,韩国和日本的固定宽带用户中光纤用户的占比分别高达82%和79%,而奥地利、比利时、德国、希腊、以色列和英国固定宽带用户中光纤用户的占比则在5%以下。与非经济合作与发展组织国家相比,经济合作与发展组织国家的高速移动互联网用户比例大约是其两倍,固定宽带用户比例大约是其三倍❷。

(四)世界卫生组织:以弥合数字鸿沟和发展知识社会为突破

"数字平等"在全球卫生健康领域也逐渐得到关注。《数字健康全球战略(2020—2024)》认为在迈向与健康相关的可持续发展目标的过程中,各国将以最适合其国家卫生政策、愿景、目标、需求、可

---

❶ 经济合作与发展组织. 数字经济展望2020 [R/OL]. (2021-11-27) [2022-04-15]. https://www.oecd.org/innovation/oecd-digital-economy-outlook-2020-bb167041-en.htm.

❷ 彭熙海,褚格林. 论电信消费者的特殊性权利及其保护机制 [J]. 河北法学,2005(10):53-58.

用资源和价值的方式采用数字卫生举措。同时,《数字健康全球战略（2020—2024）》强调数字技术是可持续卫生系统和全民健康覆盖的重要组成部分和促成因素。这项全球战略促进了数字技术的适当使用,以支持公平使用数字资源,从而不让任何人落伍。随着数字健康的日益普及,诸如信息通信技术素养、设备使用、宽带和互联网等"健康的数字决定因素"变得越来越重要。适当使用数字医疗应考虑以下方面：安全性、道德、成本效益和可负担性。它应该"以人为本",做到循证、有效、高效、可持续、包容、公平和因地制宜。

（五）国际电信联盟：以衡量数字化发展为基础

国际电信联盟2020年发布的《衡量数字化发展：2020年事实与数字》建议,政策制定者和电信行业应开展有针对性的数字能力培养项目,提升不同年龄和职业群体的数字技能水平;撒哈拉以南非洲各国应着力培养和积累数字技能方面的人力资本;各国政府还应提高数字化能力,更好地了解妇女在使用互联网方面面临的障碍,并为其配备使公共政策更具性别包容性的工具。同时,农村地区存在"双重数字鸿沟"的风险,即在数字基础设施严重不足的同时,还缺少数字技能和人力资本,因此,以政府为主导,通过教育和培训提高数字素养和技能是实现普惠和公平的关键。

二、国内理念与战略安排

(一)适老化建设系列部署：推进适老化基础设施建设

政策引领适老化建设系列部署方向之一就是推进适老化基础设施建设（表10-1）。2000年《中共中央、国务院关于加强老龄工作的决定》指出，老龄问题涉及政治、经济、文化和社会生活等诸多领域，

表 10-1　适老化基础设施建设主要政策归纳

政策来源	政策时间	政策名称	政策内容
国家层面	2000年8月19日	《中共中央、国务院关于加强老龄工作的决定》	城市建设、旧城改造、居住区建设要将老年服务设施纳入规划并认真付诸实施
	2006年5月	中共中央、国务院《2006—2020年国家信息化发展战略》	逐步在行政村和城镇社区设立免费或低价接入互联网的公共服务场所，提供电子政务、教育培训、医疗保健、养老救治等方面的信息服务
	2020年12月24日	工业和信息化部《互联网应用适老化及无障碍改造专项行动方案》	针对老年人，推出更多具有大字体、大图标、高对比度文字等功能特点的产品。鼓励更多企业推出界面简单、操作方便的界面模式，实现一键操作、文本输入提示等多种无障碍功能。提升方言识别能力，方便不会普通话的老人使用智能设备

（续表）

政策来源		政策时间	政策名称	政策内容
国家层面		2021年2月10日	工业和信息化部《关于切实解决老年人运用智能技术困难便利老年人使用智能化产品和服务的通知》	进一步完善工业和信息化领域便利老年人使用智能化产品和服务的政策措施，确保老年人更好地共享信息化发展成果
地方层面	上海市	2021年1月24日	上海市《政府工作报告》	提高智能技术无障碍服务水平，助力老年人、残疾人跨越"数字鸿沟"
	浙江省	2021年3月1日	《浙江省数字经济促进条例》	发展数字经济是本省经济社会发展的重要战略，应当遵循优先发展、应用先导、数据驱动、创新引领、人才支撑、包容审慎以及保障数据安全、保护个人信息的原则

是关系国计民生和国家长治久安的一个重大社会问题，老年人是社会的重要组成部分，要高度重视和切实加强老龄工作，让老年人共享经济建设和社会发展的成果，尤其是在服务网络建设滞后等方面要引起高度重视[1]。2006年，中共中央、国务院印发《2006—2020年国家信息化发展战略》，提出"缩小数字鸿沟计划"，内容为：坚持政府主导、

---

[1] 中共中央国务院关于加强新时代老龄工作的意见 [EB/OL]. (2000-11-03) [2022-04-15]. https://www.waizi.org.cn/file/22524.html.

社会参与，缩小区域之间、城乡之间和不同社会群体之间信息技术应用水平的差距，创造机会均等、协调发展的社会环境，包括加大支持力度，综合运用各种手段，加快推进中西部地区的信息网络建设，普及信息服务。把缩小城乡数字鸿沟作为统筹城乡经济社会发展的重要内容，推进农业信息化和现代农业建设，为建设社会主义新农村服务。逐步在行政村和城镇社区设立免费或低价接入互联网的公共服务场所，提供电子政务、教育培训、医疗保健、养老救治等方面的信息服务❶。2020年12月，工业和信息化部印发《互联网应用适老化及无障碍改造专项行动方案》，提出在全国范围内组织开展为期一年的互联网应用适老化及无障碍改造专项行动，致力于解决老年人、残疾人等特殊群体在使用互联网等智能技术时遇到的困难。改造行动首批将优先推动8大类115家网站、6大类43个App进行适老化及无障碍改造，着力解决老年人、残疾人在智能技术面前遇到的困难，推动充分兼顾老年人、残疾人需求的信息化社会建设，显著提升互联网应用适老化水平及无障碍普及率，增进包括老年人、残疾人在内的全体人民福祉❷。2021年2月，工业和信息化部印发《关于切实解决老年人运用智能技术困难便利老年人使用智能化产品和服务的通知》，提出集中力量解决老年人在日常使用智能化产品、享受智能化服务时遇到的困难，持

---

❶ 中共中央办公厅、国务院办公厅. 2006—2020年国家信息化发展战略［EB/OL］.（2011-09-14）［2022-04-15］. https://www.mct.gov.cn/whzx/zxgz/whbwlaqhxxhgz/xxhjs_whaq/201111/t20111129_800693.htm.
❷ 中国政府网. 工业和信息化部印发《互联网应用适老化和无障碍改造专项行动方案》［EB/OL］.（2020-12-24）［2022-04-15］. https://wap.miit.gov.cn/jgsj/xgj/wjfb/art/2020/art_18a8b1029f724afc8b31264fcd0f4106.html.

续推动充分兼顾老年人需求的信息化社会建设，切实维护老年人在信息时代的合法权益，让老年人在信息化发展中有更多的获得感、幸福感、安全感。为老年人提供更优质的电信服务，开展互联网适老化及无障碍改造专项行动❶。2021年3月起实施的《浙江省数字经济促进条例》提出加强山区、海岛等地区网络基础设施建设，提升乡村光纤网络、移动网络建设水平和覆盖质量，实现电信普遍服务；省人民政府及其民政部门应当加强智慧养老体系建设，建立全省统一的智慧养老服务平台❷。

（二）适老化建设系列部署：扩大适老产品和服务供给

政策引领适老化建设系列部署方向之一就是推扩大适老产品和服务供给（表10-2）。2015年《关于推进老年宜居环境建设的指导意见》指出，到2025年要推动老年人融入社会、参与社会的障碍不断消除，老年人信息交流、尊重与包容、自我价值实现的有利环境逐渐形成。2019年中共中央、国务院印发《国家积极应对人口老龄化中长期规划》，提出要强化应对人口老龄化的科技创新能力，全面提升国民经济产业体系智能化水平，提高老年服务科技化、信息化水平。提出多渠道、多领域扩

---

❶ 中国政府网. 工业和信息化部印发《关于切实解决老年人运用智能技术困难便利老年人使用智能化产品和服务的通知》[EB/OL].（2021-02-10）[2022-04-15]. https://wap.miit.gov.cn/zwgk/zcwj/wjfb/txy/art/2021/art_b4bc8419332744688cb510cee45f64e1.html.

❷ 浙江省经济和信息化厅. 浙江省第十三届人民代表大会常务委员会第二十六次会议通过《浙江省数字经济促进条例》[EB/OL].（2020-12-24）[2022-04-15]. http://jxt.zj.gov.cn/art/2020/12/24/art_1229123459_4349621.html.

表 10-2　扩大适老产品和服务供给主要政策归纳

政策来源	政策时间	政策名称	政策内容
国家层面	2015年10月9日	《关于推进老年宜居环境建设的指导意见》	到2025年，安全、便利、舒适的老年宜居环境体系基本建立，"住、行、医、养"等环境更加优化
	2019年11月21日	中共中央、国务院《国家积极应对人口老龄化中长期规划》	打造高质量的为老服务和产品供给体系
	2021年3月12日	《中华人民共和国国民经济和社会发展第十四个五年规划和2035年远景目标纲要》	发展银发经济，开发适老化技术和产品，培育智慧养老等新业态
	2020年12月25日	人力资源和社会保障部《关于进一步优化人社公共服务 切实解决老年人运用智能技术困难的实施方案》	梳理人社系统涉及老年人的高频服务事项，逐项完善服务政策，改进服务措施，优化服务方式
	2021年2月10日	工业和信息化部《关于切实解决老年人运用智能技术困难便利老年人使用智能化产品和服务的通知》	进一步完善工业和信息化领域便利老年人使用智能化产品和服务的政策措施，确保老年人更好地共享信息化发展成果
	2021年3月	中国银保监会办公厅《关于银行保险机构切实解决老年人运用智能技术困难的通知》	进一步解决老年人在银行保险服务领域运用智能技术方面遇到的困难，让老年人更好共享金融业信息化发展成果

（续表）

政策来源		政策时间	政策名称	政策内容
国家层面		2021年4月25日	国家互联网信息办公室《数字中国发展报告（2020年）》	数字技术应用加快推动适老化改造优化，移动端App、小程序中大按钮、大字版、语音版模块以及授权代理、亲友代办等功能陆续推出
国家层面		2021年6月25日	国务院《全民科学素质行动规划纲要（2021—2035年）》	老年人科学素质提升行动：以提升信息素养和健康素养为重点，提高老年人适应社会发展能力，增强获得感、幸福感、安全感，实现老有所乐、老有所学、老有所为
国家层面		2021年7月13日	教育部办公厅《关于广泛开展老年人运用智能技术教育培训的通知》	充分发挥教育培训在帮助老年人运用智能技术中的作用，通过广泛开展惠及老年人的智能技术应用培训，促进老年人更新观念，提高老年人运用智能技术的能力
地方层面	江苏省	2021年1月21日	江苏省政府办公厅《江苏省切实解决老年人运用智能技术困难重点任务清单》	做好突发事件应急响应状态下对老年人的服务保障，便利老年人日常交通出行、日常就医、日常消费、文体活动、办事服务，便利老年人使用智能化产品和服务应用，保障老年人财产和信息安全，以及建立健全工作推进机制9个方面，提出了50条具体措施

（续表）

政策来源		政策时间	政策名称	政策内容
地方层面	江苏省	2021年1月15日	江苏省民政厅《关于优化民政服务切实解决老年人运用智能技术困难的通知》	聚焦老年人日常生活涉及的高频事项，坚持传统服务方式与智能化服务创新并行，做实做细为老年人服务的各项工作，让老年人同步享受社会进步、科技发展的成果，晚年生活更加幸福便捷
	浙江省	2021年3月1日	《浙江省数字经济促进条例》	按照优化传统服务与创新数字服务并行的原则，制定和完善老年人等运用智能技术困难群体在出行、就医、消费、文娱、办事等方面的服务保障措施，保障和改善运用智能技术困难群体的基本服务需求和服务体验

大适老产品和服务供给，提升产品和服务质量。把技术创新作为积极应对人口老龄化的第一动力和战略支撑，全面提升国民经济产业体系智能化水平[1]。2021年1月，江苏省政府办公厅印发《江苏省切实解决老年人

---

[1] 新华社．中共中央、国务院印发《国家积极应对人口老龄化中长期规划》[EB/OL]．(2019-11-21)[2022-04-15]．http://www.gov.cn/zhengce/2019-11/21/content_5454347.htm.

运用智能技术困难重点任务清单》❶，从做好突发事件应急响应状态下对老年人的服务保障，便利老年人日常交通出行、日常就医、日常消费、文体活动、办事服务，便利老年人使用智能化产品和服务应用，保障老年人财产和信息安全，以及建立健全工作推进机制9个方面，提出了50条分解措施，助老年人跨越"数字鸿沟"。2021年2月，工业和信息化部印发《关于切实解决老年人运用智能技术困难便利老年人使用智能化产品和服务的通知》，提出要扩大适老化智能终端产品供给，切实保障老年人安全使用智能化产品和服务❷。2021年4月25日，国家互联网信息办公室发布《数字中国发展报告（2020年）》，提出我国数字服务的包容性正得到快速提升，数字惠民服务不断满足群众美好生活需要。数字技术应用加快推动适老化改造优化，移动端App、小程序中大按钮、大字版、语音版模块以及授权代理、亲友代办等功能陆续推出。客运场站加快推广设置无健康码通道，主要网约车平台增设"一键叫车"功能，老年人出行更加便利。社会特殊群体数字服务效能稳步提高。全国残疾人大数据平台已汇聚3770多万残疾人基础信息，实现残疾人证件办理、家庭无障碍改造、补贴发放等多项业务"一网通办"。2021年3月，中国银保监会办公厅发布《关于银行保险机构切实解决老年人运用智能技术困难的通知》，提出进一步解决老年人在银行保险服务领域运用智能技术方面遇到的困难，让老年人更好共享金融业信息化发展成果。保留和改

---

❶ 江苏省人民政府网. 江苏省政府办公厅印发《江苏省切实解决老年人运用智能技术困难重点任务清单》[EB/OL].（2021-01-22）[2022-04-15]. http://www.js.gov.cn/art/2021/1/22/art_46548_196.html?from=singlemessage.

❷ 中国政府网. 工业和信息化部印发《关于切实解决老年人运用智能技术困难便利老年人使用智能化产品和服务的通知》[EB/OL].（2021-02-10）[2022-04-15]. https://wap.miit.gov.cn/zwgk/zcwj/wjfb/txy/art/2021/art_b4bc8419332744688cb510cee45f64e1.html.

进传统金融服务方式，提升网络消费便利化水平，推进互联网应用适老化改造，加强教育宣传和培训，保障信息安全[1]。2021年3月，根据《交通运输部关于印发2021年工作要点和更贴近民生实事的通知》部署安排，经交通运输部同意，交通运输部办公厅印发《2021年便利老年人打车出行等5件更贴近民生实事工作方案》[2]。着力解决老年人运用智能技术困难，加快推动优化老年人打车出行服务，便利老年人日常交通出行，制定工作方案。坚持传统服务方式与智能化服务创新并行，保持巡游出租汽车电召服务能力，完善网约车约车软件适老服务相关功能。2021年3月起实施的《浙江省数字经济促进条例》，提出民政部门应当通过智慧养老服务平台，为各类用户提供简便快捷的养老政务服务、公共服务和链接市场服务。县级以上人民政府及其有关部门应当按照优化传统服务与创新数字服务并行的原则，制定和完善老年人等运用智能技术困难群体在出行、就医、消费、文娱、办事等方面的服务保障措施，保障和改善运用智能技术困难群体的基本服务需求和服务体验。[3]

---

[1] 中国银保监会办公厅. 关于银行保险机构切实解决老年人运用智能技术困难的通知[EB/OL].（2021-03-20）[2022-04-15]. http://www.cbirc.gov.cn/cn/view/pages/ItemDetail.html?docId=974128&itemId=925&generaltype=0.

[2] 交通运输部办公厅. 2021年便利老年人打车出行等5件更贴近民生实事工作方案[EB/OL].（2021-03-19）[2022-04-15]. http://www.gov.cn/zhengce/zhengceku/2021-03/31/content_5597004.htm.

[3] 浙江省第十三届人民代表大会常务委员会第二十六次会议通过《浙江省数字经济促进条例》[EB/OL]. http://jxt.zj.gov.cn/art/2020/12/24/art_1229123459_4349621.html, 2020-12-24/2022-04-15.

(三)适老化建设系列部署:突破老年人技术使用困难

政策引领适老化建设系列部署方向之一就是突破老年人技术使用困难(表10-3)。2020年11月,国务院办公厅印发《关于切实解决老

表 10-3 突破老年人技术使用困难主要政策归纳

政策来源	政策时间	政策名称	政策内容
国家层面	2020年12月25日	人力资源和社会保障部《关于进一步优化人社公共服务 切实解决老年人运用智能技术困难的实施方案》	实现人力资源和社会保障(以下简称人社)领域传统服务方式与智能化服务创新并行、融合发展,结合人社信息化便民服务创新提升行动,为老年人提供更便捷、更周全、更贴心、有温度的人社服务
	2021年2月10日	工业和信息化部《关于切实解决老年人运用智能技术困难便利老年人使用智能化产品和服务的通知》	集中力量解决老年人在日常使用智能化产品、享受智能化服务时遇到的困难,持续推动充分兼顾老年人需求的信息化社会建设,切实维护老年人在信息时代的合法权益
	2021年3月	中国银保监会办公厅《关于银行保险机构切实解决老年人运用智能技术困难的通知》	进一步解决老年人在银行保险服务领域运用智能技术方面遇到的困难,让老年人更好共享金融业信息化发展成果
	2021年7月13日	教育部办公厅《关于广泛开展老年人运用智能技术教育培训的通知》	通过广泛开展惠及老年人的智能技术应用培训,促进老年人更新观念,提高老年人运用智能技术能力,助力解决老年人在出行、就医、消费等日常生活中遇到的实际困难

年人运用智能技术困难的实施方案》，提出要坚持传统服务与智能创新相结合。聚焦涉及老年人的高频事项和服务场景，坚持传统服务方式与智能化服务创新并行。在政策引导和全社会的共同努力下，有效解决老年人在运用智能技术方面遇到的困难，让广大老年人更好地适应并融入智慧社会。到2020年底前，集中力量推动各项传统服务兜底保障到位，抓紧出台实施一批解决老年人运用智能技术最迫切问题的有效措施，切实满足老年人基本生活需要。到2021年底前，围绕老年人出行、就医、消费、文娱、办事等高频事项和服务场景，推动老年人享受智能化服务更加普遍，促进传统服务方式更加完善。到2022年底前，老年人享受智能化服务水平显著提升、便捷性不断提高，线上线下服务更加高效协同，解决老年人面临的"数字鸿沟"问题的长效机制基本建立。2020年12月，人力资源和社会保障部印发《关于进一步优化人社公共服务切实解决老年人运用智能技术困难的实施方案》，从人力资源和社会保障领域涉老高频服务事项梳理、完善服务政策和服务方式、加强传统服务兜底、优化智能化服务、加强宣传培训五个方面明确了7类涉老高频服务事项和20项具体工作。

（四）适老化建设系列部署：加快老年人数字素养培养

政策引领适老化建设系列部署方向之一就是加快老年人数字素养培养（表10-4）。国家互联网信息办公室发布的《数字中国发展报告（2020年）》提出，线上培训助力农民数字素养持续提升。2020年，国

表10-4 加快老年人数字素养培养主要政策归纳

政策来源	政策时间	政策名称	政策内容
国家层面	2021年4月25日	国家互联网信息办公室《数字中国发展报告（2020年）》	加强全民数字技能教育和培训，加快信息无障碍建设，让人民群众共享信息化发展成果
	2021年3月12日	《中华人民共和国国民经济和社会发展第十四个五年规划和2035年远景目标纲要》	加强全民数字技能教育和培训，普及提升公民数字素养
	2020年11月24日	国务院办公厅《关于切实解决老年人运用智能技术困难的实施方案》	将加强老年人运用智能技术能力列为老年教育的重点内容，通过体验学习、尝试应用、经验交流、互助帮扶等，引导老年人了解新事物、体验新科技，积极融入智慧社会
	2020年12月25日	人力资源和社会保障部《关于进一步优化人社公共服务切实解决老年人运用智能技术困难的实施方案》	采取适合老年人了解信息的图文、视频、音频方式开展宣传，必要时提供面对面的指导服务措施，加强对智能化服务运用及防骗知识的科普宣传，让老年人敢用、能用、会用智能技术
	2021年6月25日	国务院《全民科学素质行动规划纲要（2021—2035年）》	老年人科学素质提升行动：以提升信息素养和健康素养为重点，提高老年人适应社会发展能力，增强获得感、幸福感、安全感，实现老有所乐、老有所学、老有所为

（续表）

政策来源		政策时间	政策名称	政策内容
国家层面		2021年7月13日	教育部办公厅《关于广泛开展老年人运用智能技术教育培训的通知》	通过广泛开展惠及老年人的智能技术应用培训，促进老年人更新观念，提高老年人运用智能技术能力，助力解决老年人在出行、就医、消费等日常生活中遇到的实际困难
地方层面	上海市	2020年4月	上海市教育委员会《关于推进本市老年教育数字化发展的意见》	构建覆盖全市的老年教育数字化服务网络，提升老年人数字素养，帮助老年人跨越"数字鸿沟"
		2021年1月24日	上海市《政府工作报告》	提高智能技术无障碍服务水平，助力老年人、残疾人跨越"数字鸿沟"

家数字化学习资源中心向贫困地区提供农林类、牧渔类、农村行政管理类等2000余门职业技能和实用技术类微课程。信息进村入户深入推进，连续5年开展农民手机应用技能培训，累计受众超过1亿人次。民族语文信息化软件研发稳步推进，语料库建设不断完善，新增语音标注数据329万条、播音级录音语料5万余条。2021年3月，《中华人民共和国国民经济和社会发展第十四个五年规划和2035年远景目标纲要》提出实施积极应对人口老龄化国家战略，提出发展银发经济，开发适老化技术和产品，培育智慧养老等新业态。加强全民数字技能教育和培训，普及提升公民数字素养。加快信息无障碍建设，帮助老年人、

残疾人等共享数字生活。2021年4月，上海市教育委员会出台《关于推进本市老年教育数字化发展的意见》，提出面向老龄化社会和数字化时代的需要，从老年群体的基本需求和根本利益出发，遵循老年教育规律，构建以学习者为中心、以数字技术为动力的老年教育新生态，帮助老年人主动融入智慧城市。构建覆盖全市的老年教育数字化服务网络，提升老年人数字素养，帮助老年人跨越"数字鸿沟"。实施"双百双千"计划，深化和推进数字赋能老年教育，开拓老年人智慧学习应用场景，创造包容、普惠、友好的老年数字生活新图景。2021年6月，国务院印发《全民科学素质行动规划纲要（2021—2035年）》，将"实施老年人科学素质提升行动"列入"十四五"时期提升全民科学素质五项提升行动之一，包括老年人科学素质提升行动。以提升信息素养和健康素养为重点，提高老年人适应社会发展能力，增强获得感、幸福感、安全感，实现老有所乐、老有所学、老有所为。实施智慧助老行动，聚焦老年人运用智能技术、融入智慧社会的需求和困难，依托老年大学（学校、学习点）、老年科技大学、社区科普大学、养老服务机构等，普及智能技术知识和技能，提升老年人信息获取、识别和使用能力，有效预防和应对网络谣言、电信诈骗。加强老年人健康科普服务，依托健康教育系统，推动老年人健康科普进社区、进乡村、进机构、进家庭，开展健康大讲堂、老年健康宣传周等活动，利用广播、电视、报刊、网络等各类媒体，普及合理膳食、食品安全、心理健康、体育锻炼、合理用药、应急处置等知识，提高老年人健康素养。充分利用社区老年人日间照料中心、科普园地、党建园地等阵地为老年人提供健康科普服务。实施银龄科普行动，积极开发老龄人力资源，大力发展老年协会、老科协等组织，充分发挥老专家在咨询、智库等方面的作用。发展壮大老年志愿者队伍。组建老专家科普报告团，在社区、农村、青少年科普中发挥积极作用[1]。2021年7月，教育部办公厅发布《关于广泛开展老年人运用智能技术教育培训的通知》。充分发挥教育培训在帮助老年人运用智能技术中的引领作用，通过广泛开展惠及老年人的智能技术应用培训，促进老年人更新观念，提高老年人运用智能技术能力，助力解决老年人在出行、就医、消费等日常生活中遇到的实际困难，使老年人愿用、能用、乐用智能技术，为老年人跨越"数字鸿沟"提供教育支持服务，共享智慧社会带来的便利性、快捷性和智能性，不断增强老年人的获得感、幸福感和安全感。

（五）适老化建设系列部署：保障老年人群体共享数字红利

政策引领适老化建设系列部署方向之一就是保障老年人群体共享数字红利（表10-5）。2021年1月，江苏省民政厅印发《关于优化民政

表 10-5　保障老年人群体共享数字红利主要政策归纳

政策来源	政策时间	政策名称	政策内容
国家层面	2021年3月12日	国务院《政府工作报告》	推进智能化服务要适应老年人需求，并做到不让智能工具给老年人日常生活造成障碍

---

[1] 国务院. 全民科学素质行动规划纲要（2021—2035年）[EB/OL]. https://www.mee.gov.cn/zcwj/gwywj/202106/t20210625_841836.shtml.

（续表）

政策来源		政策时间	政策名称	政策内容
地方层面	上海市	2020年4月	上海市教育委员会《关于推进本市老年教育数字化发展的意见》	实施"双百双千"计划，深化和推进数字赋能老年教育，开拓老年人智慧学习应用场景，创造包容、普惠、友好的老年数字生活新图景，进一步形成与上海打造具有世界影响力的国际数字之都相匹配的老年教育数字化发展新格局
	上海市	2021年1月24日	上海市《政府工作报告》	实施"双百双千"计划，深化和推进数字赋能老年教育，开拓老年人智慧学习应用场景，创造包容、普惠、友好的老年数字生活新图景，进一步形成与上海打造具有世界影响力的国际数字之都相匹配的老年教育数字化发展新格局
	江苏省	2021年1月21日	江苏省政府办公厅《江苏省切实解决老年人运用智能技术困难重点任务清单》	便利老年人日常交通出行、日常就医、日常消费、文体活动、办事服务，便利老年人使用智能化产品和服务应用，保障老年人财产和信息安全，以及建立健全工作
		2021年1月15日	江苏省民政厅《关于优化民政服务切实解决老年人运用智能技术困难的通知》	聚焦老年人日常生活涉及的高频事项，坚持传统服务方式与智能化服务创新并行，做实做细为老年人服务的各项工作，让老年人同步享受社会进步、科技发展的成果，晚年生活更加幸福便捷

服务切实解决老年人运用智能技术困难的通知》，聚焦老年人日常生活涉及的高频事项，坚持传统服务方式与智能化服务创新并行，做实做细为老年人服务的各项工作，让老年人同步享受社会进步、科技发展的成果，晚年生活更加幸福便捷。2021年3月《政府工作报告》中提出：实施积极应对人口老龄化国家战略，以"一老一小"为重点完善人口服务体系。完善传统服务保障措施，为老年人等群体提供更周全更贴心的服务。推进智能化服务要适应老年人需求，并做到不让智能工具给老年人日常生活造成障碍。2021年6月，浙江省政府办公厅印发《浙江省切实解决老年人运用智能技术困难实施方案》提出，到2021年底前，围绕老年人出行、就医、消费等高频事项和服务场景，推动老年人享受智能化服务更普遍、传统服务方式更完善，全社会适老化程度有效提高。到2022年底前，老年人享受智能化服务水平显著提升、便捷性不断提高，线上线下服务更高效协同，信息无障碍服务更完善，全社会共同解决老年人面临的"数字鸿沟"问题长效机制基本建立。

三、小结

不可否认，随着全球互联网、大数据、人工智能等信息技术的快速发展，智能化服务在人们生活中得到了普及，这深刻改变了传统的生产生活方式，提高了社会的治理和服务效能。但同时，全球人均寿命不断攀升，老龄人口数量快速增长，老年人与数字之间正面临着巨大壁垒，尤其在新冠肺炎疫情背景下，老年群体在出行、就医、消费等日常生活中频频遭遇不便，无法充分享受智能化服务带来的便利，这些生活中的数字化尴尬事件足以触及一个老年人内心的尊严。

总体来看，国际、国内都在推进积极应对老龄化，从不同层面寻找破除老年人数字鸿沟的方法及对策，推动解决老年人在运用智能技术方面遇到的困难，进而让老年人能更好地共享信息化、智能化发展成果。但数字鸿沟问题范围日益扩大，导致多边徘徊不前，难以聚焦。数字技术的影响已从最初的网络空间蔓延至经济生产领域，并在可见的范围内不断深入社会运行各个环节，难以简单地划出明确的边界。这种数字治理问题的分散将进一步导致全球数字治理在议程设置、治理机制选择问题上的碎片化。

第十一章

国内老年人数字鸿沟治理实践

当数字化撞上老龄化，手机支付难、网上操作难、无码出行难等现实问题层出不穷，老年群体数字弱势的态势不断加剧，数字社会隔离现象愈发明显。实现老年群体的公平发展，推动老年群体全面融入数字时代，已成为数字社会治理的重要议题，不论是政府组织、企业机构，还是社会团体，都不遗余力助力老年人跨越数字鸿沟。

一、政府治理

政府作为老年人数字鸿沟治理的核心主体，既聚焦于顶层规划设计又致力于基础环境改造，更不断探索从地方创新到全国治理的长效机制和普遍机制。

（一）政策先行引领顶层制度建设

政策引领明确老年人数字鸿沟治理两大方向：外部适老化环境建设和内部数字能力提升。其一，在国家领导、地区协同下，推动技术环境和制度环境的适老化建设。继国务院办公厅印发《关于切实解决老年人运用智能技术困难的实施方案》之后，国家各部委、地方各政府纷纷响应，开展适老化环境改造，以便利老年人使用智能化产品和服务，共享数字时代信息化发展成果。在技术环境上，包括电信服务优质化、互联网应用无障碍化和适老化、智能产品安全化、公共服务人性化等方面的改进提升。在制度环境上，围绕老年人高频事项和服务场景，解决突出问题和紧迫问题，建立老年人数字鸿沟治理机制和保障机制，如北京市发展和改革委员会、北京市卫生健康委员会联合印发通知，建立北京市切实解决老年人运用智能技术困难联席会议制度，联动30多个部门，以任务分工的形式推动解决老年人使用智能技术困难问题。

其二，将老年人数字素养培育纳入政策范畴，为老年人主动拥抱数字信息技术提供解决方案。全国各地区，以村社区为单位、以县区为单位、以省市为单位，部署老年人智能技术应用普及行动方案。通过政策制度引导社会力量上下联动、多方协同，力争建立老年人数字教育长效机制（表11-1）。

表 11-1　老年人数字鸿沟治理主要政策归纳

政策来源	政策名称	政策内容
国家层面	国务院办公厅《关于切实解决老年人运用智能技术困难的实施方案》	聚焦涉及老年人的高频事项和服务场景，坚持传统服务方式与智能化服务创新并行，切实解决老年人在运用智能技术方面遇到的突出困难

（续表）

政策来源	政策名称	政策内容
国家层面	工业和信息化部《关于切实解决老年人运用智能技术困难便利老年人使用智能化产品和服务的通知》	为老年人提供更优质的电信服务；开展互联网适老化及无障碍改造专项行动；扩大适老化智能终端产品供给
	工业和信息化部、中国残疾人联合会《关于推进信息无障碍的指导意见》	聚焦老年人、残疾人、偏远地区居民、文化差异人群等信息无障碍重点受益群体，着重消除信息消费资费、终端设备、服务与应用等三方面障碍，增强产品服务供给，补齐信息普惠短板
	全国老龄办《关于做好2021年"智慧助老"有关工作的通知》	开展智能手机使用培训送书活动；开展"智慧助老"公益行动；开展解决老年人运用智能技术困难舆情监测工作；开展"智慧助老"系列宣传活动
	国家医疗保障局《关于坚持传统服务方式与智能化服务创新并行优化医疗保障服务工作的实施意见》	同步促进智能技术在老年人等群众中的普及使用，提高医疗保障服务适老化程度；形成改进提升医疗保障服务的长效机制

（续表）

政策来源		政策名称	政策内容
地方层面	上海市	上海市民政局《关于推广老年人"智能相伴"服务场景有关事项的通知》	在社区、机构和居家等三类场景中，利用电视机、音频设备、触摸屏、机器人等智能化、信息化设备，为老年人提供视频、图像、音频等智能互动服务，让老年人便捷获取养老服务信息和智能陪伴服务
	北京市	北京市发展改革委员会、北京市卫生健康委员会《北京市切实解决老年人运用智能技术困难联席会议制度和工作台账》	建立由32个部门组成的联席会议制度，聚焦涉及老年人的高频事项和服务场景，细化工作措施
	广东省	广东省教育厅《关于实施百校助推老年人运用智能技术行动的通知》	举办老年人运用智能技术培训活动、体验活动，开发、开放老年人运用智能技术线上学习资源，助推老年人运用智能技术，融入现代信息社会生活
	浙江省	浙江省教育厅《关于开展老年人智能技术日常应用普及行动的通知》	面向老年人开展老年人智能技术日常应用普及行动，力争服务长效机制基本建立，服务队伍更加优化，服务内容更加丰富，服务平台更加完善

（续表）

政策来源		政策名称	政策内容
地方层面	江苏省	江苏省政府办公厅《江苏省切实解决老年人运用智能技术困难重点任务清单》	便利老年人日常交通出行、日常就医、日常消费、文体活动、办事服务，便利老年人使用智能化产品和服务应用，保障老年人财产和信息安全，以及建立健全工作
	四川省	《四川省公共服务适老化改造提升2020年10项行动及任务清单》	数字化养老应用试点示范行动；就医绿色通道优化行动；传统出行无障碍行动公共文化设施便捷服务行动等

（二）数字基建营造数字接入环境

构筑老龄友好型数字基础设施，以解决老年人接近或使用信息基础设施机会不足问题。2021年2月，工业和信息化部印发《关于切实解决老年人运用智能技术困难便利老年人使用智能化产品和服务的通知》，提出要为老年人提供优质电信服务，包括持续提升老年人聚居的农村及偏远地区宽带网络覆盖水平、为农村老年人聚集生活的各类公共场所提供宽带服务能力及推出适合老年人特点的专属优惠资费方案等[1]。截至2021年6

---

[1] 工业和信息化部. 关于切实解决老年人运用智能技术困难便利老年人使用智能化产品和服务的通知 [EB/OL].（2021-02-10）[2022-04-15]. https://wap.miit.gov.cn/zwgk/zcwj/wjfb/txy/art/2021/art_b4bc8419332744688cb510cee45f64e1.html.

月，各行政村通光纤和4G比例已超99%❶。

以上海市为例，上海市政府发布"2021年上海市为民办实事项目"，提出要为困难家庭免费升级百兆宽带，让市民共享上海数字发展红利，还将同步做好各类信息化基础设施的升级，包括信息架空线入地、管线迁移等。此外，上海电信、移动、联通三大运营商还将面向老年用户提供定制化服务，如客服热线增设"一键接入人工客服功能"。

专栏 11.1

上海启动双千兆加速计划，为困难家庭免费升级百兆宽带

上海市经济和信息化委员会、上海市通信管理局已面向沪上80万户上网困难家庭启动双千兆加速计划。按计划，上海电信、上海移动、上海联通三家通信运营商将在2021年一季度为19万户上网困难家庭免费升百兆宽带；二季度将完成38万户；三季度将为符合条件且有升级意愿的家庭实施百兆宽带全覆盖。

其中，上海电信、上海移动和上海联通均可为已实现光纤到户的100兆带宽以下的上网困难家庭宽带用户免费提速至100兆。同时，上海电信还将在具备光纤网络资源的住宅小区同步推进"光进铜退"工程；上海移动已启动"老旧网关"替换工程；上海联通结合"美丽家园"建设，提供免费光纤换新。

资料来源：作者根据新华社报道《上海启动双千兆加速计划 惠及80万户上网困难家庭》删减整理。

---

❶ 李政葳. 好消息！我国行政村、脱贫村通光纤和4G比例均已超99% [EB/OL].（2021-09-13）[2021-10-22]. https://baijiahao.baidu.com/s?id=1710845988284916319&wfr=spider&for=pc.

（三）公共服务改造降低数字使用门槛

聚焦交通出行、就医问诊、购物消费、文体娱乐、日常办事等老年人生活高频事项和服务场景，坚持传统服务方式和智能化服务创新并行。

其一是公共服务智能创新，主要是针对信息消费资费、终端设备、互联网服务应用的信息无障碍建设和适老化改造。中国互联网协会自2018年起，组织相关单位对中央部委、各地人民政府、各地公共事业单位、主流媒体、社会公共服务网站等20余万家网站开展无障碍建设，并持续监测普查服务效能情况。2021年工业和信息化部重点指导督促与老年人息息相关的网站和应用软件开展改造，目前已有104家网站和应用初步完成改造。如老年人常用的新闻软件清晰化、电子商务软件便利化、交通出行软件快速化等。此外，政府还利用数字技术打通各信息后台，扩大身份证、社保卡、老年卡等证件的通用范围，甚至推出一证通行功能。

其二是公共服务传统保留，在各类日常生活场景中，杜绝"一刀切"的数字化，合理保留老年人熟悉的服务方式，以满足不同老龄阶段、不同教育背景和不同生活环境下的老年群体需求，包括各消费场所允许现金支付、保留车票门票等纸质凭证、依需搭建人工服务窗口、专设老年人服务通道特别是无健康码通道等。

专栏 11.2

老年人高频需求场景的公共服务改造案例

案例1：出行——广东省全国首创一证通行

广东省民政厅与数字广东公司联合，率先在全国推出"一证通行"健康防疫核验系统。依托智能化读卡设备和大数据比对，只需"秒刷"身份证即可完成核验健康码服务。目前，一证通行系统已经在广东省交通站点、医疗机构、养老机构、文娱活动场所及其他老年人高频出入场所推广使用。

案例2：就医——南昌市适老化服务助老年人跨越就医数字鸿沟

南昌市卫健委发布《关于印发进一步便利老年人就医举措实施方案的通知》，包括增设老年患者"无健康码"绿色通道；提供挂号、就医等便利服务的绿色通道；设立标识清晰的老年人综合服务点和导医服务；增设老年人服务窗口，执行老年患者优先制度等。

案例3：消费——北京全市开展拒收现金集中整治工作

北京市对零售、餐饮、商场、公园等老年人高频消费场所，水电气费等基本公共服务费用、行政事业性费用缴纳领域重点排查，多措并举持续整治拒收现金违法行为。要求老年人高频消费场所、基本公共服务费用、行政事业性费用收取单位设置人工现金收付通道，并加强宣传。

案例4：文体——重庆市巴南区图书馆打造老年人数字阅读品牌

重庆市巴南区图书馆自2018年起便举办"常青e路 幸福夕阳"老年人数字阅读系列活动，目前已顺利开展12期，共计131场，惠及8000余人次。除智能手机培训课程外，图书馆还邀请专业授课老师，为老年读者开设形体表演、主持朗诵、插花艺术培训及茶艺培训等课程。

案例5：办事——广东省"粤省事"平台创新上线"尊老爱老服务专区"

广东省民政厅联合数字广东公司在手机客户端"粤省事"平台创新上线全国首个移动端适老化老年人服务专区"尊老爱老服务专区"，提供老年人相关补贴申领服务功能等38个事项、8类便利化服务，并通过开通亲友代办功能、方言语音输入、简化操作、设置大字版界面显示等方式便利老年人。

资料来源：作者根据公开资料整理。

（四）案例和试点并进引领示范

通过应用试点、案例遴选的方式发挥好经验、好做法的引领示范作用。在应用试点上，探索现实问题和治理方案之间的匹配性。考虑到各地区的数字鸿沟表现和治理进度有所差异，很难快速形成可复制、可推广的模式，数字鸿沟治理方案往往通过部分地区试点的方式以提炼优势、发现不足。例如，全国范围内开展智慧健康养老试点、老年人电子证照应用试点，北京市开展"健康宝"应用在老年人出行场景中的试点等。

在案例遴选上，发挥各地区典型案例的示范带动作用。国家发展改革委员会在全国范围内征集了一批运用智能技术服务老年人的典型案例，并于2021年9月24日公布，以期为实际推动解决老年人数字鸿沟工作提供一定的参考借鉴。第一批示范案例来自全国14个省（自治区、直辖市），示范案例囊括老年人出行、智慧养老、智慧医养、居家服务等多个方面（表11-2）。

表 11-2　第一批运用智能技术服务老年人示范案例名单

省（自治区、直辖市）	示范案例
北京市	北京"健康宝"应用赋能老年人便利化出行试点
上海市	"数字伙伴计划"助力上海老年人跨越"数字鸿沟"，共建人民城市
江苏省	"小江家护"为高龄空巢独居老人安全保驾护航
天津市	科技赋能　智慧适老——天津市打造银发智能服务平台和智慧康养社区
广东省	广东省实现两大全国首创助力老年人跨越"数字鸿沟"
山西省	"398贴心保"实时智联"六助"服务送进家门——"大同助老"蹚出智慧居家养老新路
山东省	山东省济南市历下区民政局"亲情E联"智慧养老平台运用智能技术助推养老服务创新示范工作报告
内蒙古自治区	巴彦淖尔市临河区车站街道金穗社区居家养老服务中心
……	……

资料来源：国家发展改革委办公厅《关于推介运用智能技术服务老年人示范案例的通知》。

二、企业行动

面对适老应用少，现有硬软件不会用、不敢用等现实问题，企业作为老年人数字鸿沟治理的协助主体，积极承担社会责任，倡导经济效益和社会效益的相统一，将"以老为本"的理念融入数字技术研发、数字应用生产、数字产品供给和数字安全保障中，打造老龄友好的健康商业生态和造血机制。

（一）以人民为中心的数字技术应用

数字产品和服务逐渐走向让老年人能用和想用。尽管现有的数字应用产品主流上仍以中青年一代的需求为主，但企业已然将老年人需求纳入产品设计中，推出符合老年人需求的新产品的同时，也将已有产品基于老年人使用习惯进行改造。

能用。能用是基础，现在，不论是智能手机还是应用软件，大多都具备"老年模式"。例如，可以将操作界面调整到简明模式，调大字体、简化图标，以解决老年人看不清、看不懂等问题；具备通过语音输入来操作打开健康码、充话费等常用功能，甚至具备远程协助功能。

想用。一方面，许多应用软件都开始鼓励和加强适老化内容的创作。例如，当下颇受老年人欢迎的抖音平台，便通过站内话题、流量加权等方式吸引了众多创作者参与优质的老年人内容输出，甚至在抖音平台上，60岁及以上的创作者已经累计创造超过6亿条视频[1]。另一方面，市场也在持续扩大适老化产品的供给，特别是智慧健康养老产品（图11-1）。通过手环、监测设备等硬件设施和健康咨询、生活照护等软性服务来保障老年群体的基本生理安全。

```
                    智慧健康养老产品及服务
                   ┌──────────┴──────────┐
                 产品类                 服务类
```

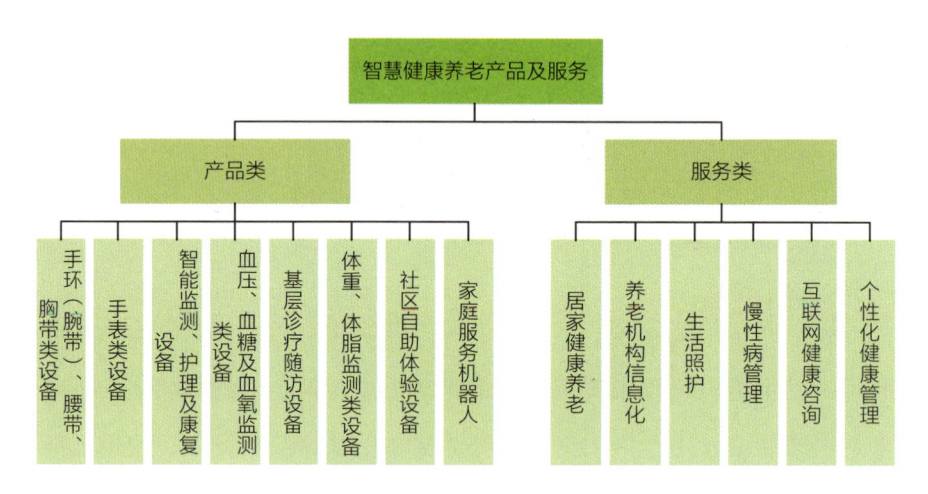

产品类：
- 手环（腕带）、胸带类设备、腰带
- 手表类设备
- 智能监测、护理及康复设备
- 血压、血糖及血氧监测类设备
- 基层诊疗随访设备
- 体重、体脂监测类设备
- 社区自助体验设备
- 家庭服务机器人

服务类：
- 居家健康养老
- 养老机构信息化
- 生活照护
- 慢性病管理
- 互联网健康咨询
- 个性化健康管理

图11-1 智慧健康养老产品及服务一览

资料来源：作者根据《智慧健康养老产品及服务推广目录（2018年版）》整理绘制。

（二）老龄友好的市场供给机制

在产业链上，中国已逐步形成包括产品、服务和服务对象在内的智慧养老产业链条，主要包括上游的硬件制造、中游的服务运营与下

---

[1] 中国人口学会年会. 关注老年人"数字鸿沟"鼓励打造老年友好型数字产品［EB/OL］.（2021-07-19）［2021-10-26］. http://science.china.com.cn/2021-07/19/content_41621148.htm.

游的服务对象（图11-2）[1]。智慧养老产业通过开发符合中国老年人需求的产品和服务，协同各类企业组织，实现资源整合，从而给老年群体带来一体化、便捷化和智慧化的数字技术新体验。

图11-2 中国智慧养老产业图

资料来源：清华大学互联网产业研究院《智慧养老产业白皮书（2019）》。

上游硬件制造。主要包括可穿戴设备、日常智能服务设备、便携式健康监测设备和自助式健康监测设备等一系列智能设备，覆盖居家、社区和机构等多个应用场景。一方面，通过加快智能技术和产品在老年群体中的普及应用，以指导和引导老年群体使用智能产品，进

---

[1] 清华大学互联网产业研究院. 智慧养老产业白皮书（2019）[EB/OL]. （2020-03-16）[2022-04-15]. http://www.iii.tsinghua.edu.cn/info/1097/1615.htm.

而弥合数字鸿沟。另一方面，现有的智能设备重点关注老年人的健康和看护这一首要刚需，让市场供给更有温度。

中游服务运营。现有关于老年群体的服务不仅关注其基本的生理安全需求，还考虑到了老年群体的社交娱乐、自我实现等需求。深圳一格信息服务有限公司于2015年便推出了"李秘书"智慧养老服务平台，目前该平台具备老年健身活动、公益课堂、健康咨询、天气预报、家政服务等多项专业服务功能，2019年该平台服务终端还升级至"李秘书智能机器人"，新增语音互动、开放式老年课程、影音党建等多项新功能，为老年群体提供安全、健康、情感、生活和娱乐等全领域服务[1]。

下游服务对象。根据"9037"养老模式[2]，企业也分门别类地展开了相应的产品和服务供给。例如安馨养老集团旗下的"安馨在家"对老年人的居住环境、健康状况、自理能力和照护条件等因素进行综合考量，进而为老年人定制居家环境适老化改造方案。泰康之家养老社区作为著名的医养结合社区，提供全球医疗诊治服务，且实时追踪用户医疗服务过程。作为机构养老优秀代表的乐成养老，开发了乐成OMS智慧养老运营系统，系统支持老人需求实时提醒、老年人状况实时记录、家人实时查询等功能。

---

[1] "李秘书"智慧养老服务再升级 怡锦社区老人尝鲜［EB/OL］.（2019-11-28）［2021-10-26］. https://wxd.sznews.com/ BaiDuBaiJia/20191128/content_353487.html.

[2] 9037是指90%的老年人选择居家养老、7%的老年人选择社区养老和3%的老年人选择机构养老。——作者注

（三）稳固可靠的数字安全保障

针对老年人屡陷数字陷阱，遭受数字诈骗等问题，企业从数据安全和防骗宣传两方面进行事前监管防范的同时，也设置了惩处究责等事后保障机制。

防范数据风险。不论是智能手机还是软件应用，开发者大多开启了过滤、提醒等功能，将诈骗信息、虚假广告、病毒软件等内容进行拦截。华为、小米等品牌手机还具备亲情守护模式，允许家人亲属远程删除垃圾短信、清理软件，终止诱骗支付等[1]。同时，许多平台和应用都严格规范数字内容审核，灵活保障老年人数据安全，对上架产品的内容进行一一审核，从源头杜绝恶意行为、歧义信息的传播。

防骗宣传教育。银行业、保险业等数字陷阱高发行业纷纷开展老年人防诈骗知识宣传，提高老年人防骗意识和能力，帮助其自觉抵制各种数字诈骗活动。2021年7月23日，在国家反诈中心、工业与信息化部反诈中心指导下，支付宝主办的全国首个针对银发群体的沉浸式防骗展在北京启动。此次展览通过电话原音再现了近百种诈骗场景，老年人可亲临现场了解当下各种骗局，借此提高警惕[2]。

惩处究责机制。严惩针对老年人群体的恶意诱导、欺诈等行为并

---

[1] 喻思南. 帮助老年人乐享数字生活[N]. 人民日报，2020-11-10（10）.
[2] 中国新闻网. 九成老人被劝阻后停止汇款 全国首个沉浸式防骗展晒出百种骗局[EB/OL].（2021-07-23）[2021-10-27］. https://baijiahao.baidu.com/s?id=1706070509864545140&wfr=spider&for=pc.

依法追究相关责任。公开数据显示，2021年3月到4月，抖音重点打击了针对中老年人的恶意诱导、骗赞、骗互动等行为，共处罚账号1.3万个，下架音频16万条，下架视频超600万条。

三、社会支持

较之企业主体，社会群众和家庭亲友对老年人跨越数字鸿沟的支持，不仅体现在外部环境改造上，还体现在老年人自身数字素养培育上，包括以物质支持、精神助力为抓手帮助老年人打破数字担忧，提高数字警觉，提升数字技能。

（一）数字教育培训支持

全国各地区纷纷开展数字科普教育以培育老年人数字意识和提升老年人数字能力。

数字教育线上线下双轨并行。浙江、河北、海南、江苏、上海等地推出线上线下相结合的"数字扫盲"新型教育。线下教育一般遵循就近治理原则，以街道、村社区为单位，依托老年大学、社区学院、街道成人学校等机构开展各类数字教育培训。例如，浙江省于2021年3月启动"银龄跨越数字鸿沟"科普专项行动，采用线上自学和线下面授相结合的培训方式。线上教育则全面开花，例如央广网等打造的"我来教您用手机"系列短视频教材，江苏省老年教育网上线智能设备使用视频教程，广州市老年大学利用微信公众号和网页端构筑云课堂。

数字教育应用专题培训。针对老年人日常生活数字应用困难，开展智能化应用的操作培训。例如，北京市上线"我教老人用手机"微信小程序，针对老年群体开设了微信、支付宝、外卖、医院挂号、网约车、公交刷码乘车、地图导航、健康宝等12门数字应用网上教学课程；浙江老年开放大学推出"老年生活'微'起来""老年人玩转智能出行"等20个专题共计208门微课。

数字教育梯级化设置。老年人数字教育也根据老年人能力、需求设置初级、中级、高级等不同梯级的教育。上海市徐汇区老年大学将"智慧助老"课程分为入门普及性课程、基础提升性课程、特色进阶性课程三大层级，为不同老年人的学习需求打开分层、分类的课程之"窗"。通过普及性课程，消除老年人不敢用、不想用的心理和技能障碍，通过提升性课程，解决老年人不会用的学习障碍，最后，通过进阶性课程，激发和满足老年人的数字学习素养[1]。

---

[1] 澎湃新闻网. 以"智慧课堂"消弭老年人"数字鸿沟"，信息无障碍建设让徐汇更有温度！[EB/OL].（2021-08-16）[2021-10-27]. https://m.thepaper.cn/baijiahao_14070626.

专栏 11.3

浙江省启动"银龄跨越数字鸿沟"科普专项行动

2021年3月26日上午,浙江省科协牵头,联合省委老干部局、省教育厅、省卫健委、省文明办、中国移动通信集团浙江有限公司、中国建设银行浙江省分行等部门正式启动"银龄跨越数字鸿沟"科普专项行动。

专项行动聚焦老年人生活需求,围绕交通出行、就医、消费、金融、办事服务、文体活动等重点,开发面向老年人的培训教学、面向志愿者的科技志愿服务、面向培训网点的活动管理及面向职能部门的管理服务四大子场景,计划到2023年底,对全省老年人进行200万人次以上智能手机应用科普培训。

2021年8月17日,专项行动在"浙里办"的"服务超市"上线,截至2021年9月26日,已覆盖全省11个设区市3952个网点,归集9625场培训活动和10799名志愿者信息,培训老年人40余万次。

资料来源:作者根据相关资料整理。

(二)家庭代际反哺支持

家庭内部信息共享和代际互动一直都是弥合老年人数字鸿沟既现实又理想的途径。现如今,家人、亲属对老年群体的支持不仅体现在技术层面,也体现在情感层面。技术层面上,现在许多子女或孙辈都会为老年人提供智能手机、平板电脑等数字智能设备作为日常消遣娱乐所用，而且会教导老年人如何使用一些必要的应用。最为典型的是微信这一应用在老年群体中的普及，从下载、学习到使用微信，背后都离不开家庭的支持和帮助[1]。情感层面上，家庭成员有意识地增加与老年人线上互动的频率，分享自己在网络上获取的信息，这都表达了其支持老年人融入数字生活的态度。

（三）社区数字服务支持

民政服务支持。通过让"数据多跑路"实现"老人不跑腿"，通过将省、市、区各级服务事项下沉到社区基层，为社区内老年人提供便捷、高效的民生政务服务。例如，成都市武侯区开发的高龄津贴信息化管理系统已实现高龄老人信息采集、生存验证、审核审批、补贴发放等标准化流程化管理，老年人通过手机App或社区自助服务终端即可完成生存信息验证[2]。在广州市番禺区的5G+VR"政务晓屋"，50周岁及以上老年人凭身份证原件即可刷卡开门，1秒便可进入"晓屋"办理行政服务事项，免去微信扫码、注册、预约等程序[3]。

生活服务支持。全国多地都建立了社区养老服务信息平台，对社区

---

[1] 李思思. 数字反哺：老年人微信使用中的数字鸿沟与代际支持［N］. 中国社会科学报，2019-08-01（003）.
[2] 红星新闻. 跨越"数字鸿沟"，成都这个社区的老人有了"点单上门服务". ［EB/OL］.（2021-10-01）［2021-10-27］. https://baijiahao.baidu.com/s?id=1712423922571098364&wfr=spider&for=pc.
[3] 广州市人民政府网. 广州市番禺区5G+VR"政务晓屋"搭建全国一体化云政务晓屋共享平台［EB/OL］.（2021-05-26）［2021-10-27］. http://www.gz.gov.cn/zwfw/zxfw/content/post_7299880.html.

周边相关生活资源进行整合,以智能终端、热线电话等设备为纽带,为老年群体提供生活照料、医疗护理、精神照顾、紧急救援等全链条生活服务(图11-3)。其中,成都市武侯区的"颐居通"社区居家养老服务综合信息平台便是优秀案例之一,可使居家老年人享受助餐、助浴、助洁、娱乐、健康管理、家庭护理7大类上百种专业服务。该平台建立了集老年人基本情况、能力评估、服务偏好等于一体的老年人信息化数据档案库,根据老年人需求差异推荐服务清单。据统计,该平台日均有效服务工单派发量30余次,已经累计完成居家养老服务13.2万余单。

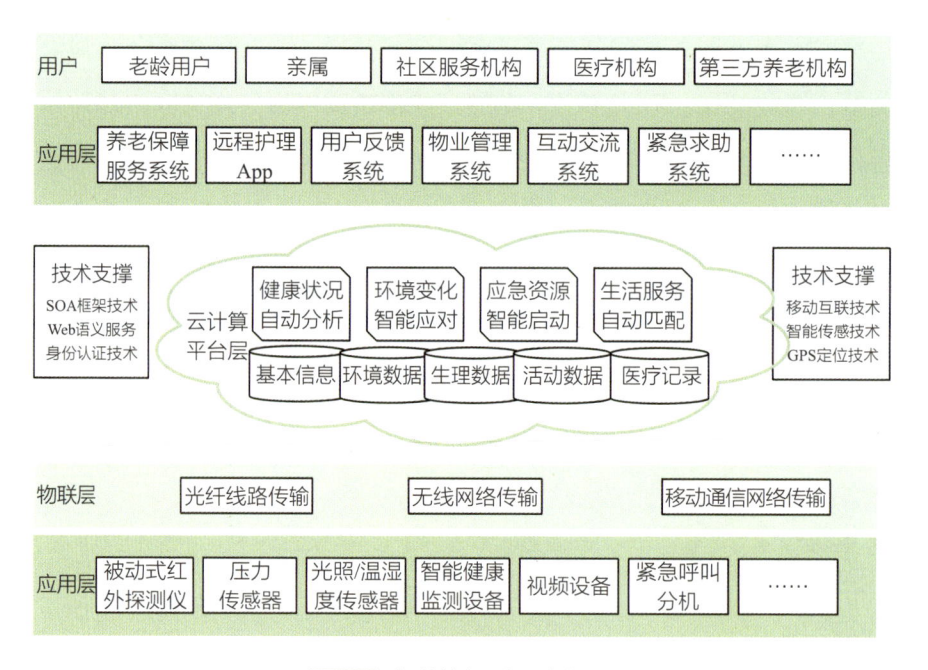

图11-3 智慧养老服务平台架构

资料来源:李彩宁,毕新华. 智慧养老服务体系及平台构建研究[J]. 电子政务,2018(6):105-113,有所调整。

（四）公益志愿帮扶支持

中青年一代作为中坚力量组建了一支又一支公益帮扶队伍帮助老年人跨越数字鸿沟。其中，颇为庞大的一支队伍当属在国家反诈中心、工业与信息化部反诈中心指导下，由支付宝发起、社会各界共同参与的"蓝马甲志愿行动"中的志愿者队伍。该志愿行动聚集了全国各地的高校大学生、企业工作人员、社区工作者，通过社区讲座、一对一答疑、防骗展等形式为老年人提供手机操作使用指导和防骗知识普及，目前，志愿者人数已超14700人，驻点服务近8000场次，一对一答疑近76000人次[1]。

一部分老年群体也自发组成了"银龄互助"志愿队伍，帮助身边饱受数字困扰的同龄人。浙江杭州在构建多元参与、可持续的银龄互助机制上已然迈出了一大步。一是发挥退休干部的先锋模范作用。2021年3月5日，浙江省启动了浙江老干部志愿服务携手跨越"数字鸿沟"万人帮扶计划。发动一批老干部志愿者率先进行知识培训，进而发挥"火种"作用，帮助身边的老年人朋友们了解新事物、体验新技术[2]。二是探索时间银行公益服务机制。老年志愿者可以通过志愿服务获得时间银行储蓄积分，积分可以兑换为生活用品或养老服务。让助老服务成为有付出亦有回报的事，激发银龄互助的热情。

---

[1] 工银瑞信基金. 助老反诈骗！他们有个共同的名字：蓝马甲［EB/OL］.（2021-10-14）［2021-10-28］. http://k.sina.com.cn/article_1764424065_692af9810190264h9.html.

[2] 中共杭州市委老干部局. 浙江老干部志愿服务携手跨越"数字鸿沟"万人帮扶计划在杭州启动［EB/OL］.（2021-03-28）［2021-10-28］. http://lgbj.hangzhou.gov.cn/art/2021/3/8/art_1675860_58917934.html.

四、科技创新

老年人数字鸿沟的治理,不仅需要调整老年人自身,也需要从技术源头进行治理,由新一轮数字技术引发的现实问题,离不开技术自身的创新变革。当下,老龄问题相关的研究者们开始着眼于推动数字技术发展,以期为切实解决老年人数字鸿沟问题提供技术基础。科技适老已具备一定条件,一批又一批急老所需、为老所用的科技产出涌现,助力老年人搭上科技快车,驶向数字时代。

(一)迎合老龄需求的科技创新

作为创新应用的落脚点,以人工智能技术为代表的先进科技逐渐迎合老年人多层次、多领域的需求。随着我国人工智能技术的不断发展,我国人工智能技术产业已然形成了基础设施层、算法层和技术层,并应用在符合老年人需求的场景中。

根据马斯洛需求层次理论,人的需求可以分为生理需求、安全需求、社交需求、尊重需求和自我实现需求,基于不同层次的需求,老年人高频所需的应用场景也逐渐清晰。

生理需求下的生活照料场景。生活照料包括吃、穿、住、行各个方面,得益于物联网、云计算、5G等技术在网络设备、系统平台和数据资源中的使用,老年人日常所需的生活服务往往通过平台或智能应用便可集成获取,甚至可以足不出户,等待上门服务。

安全需求下的健康医疗场景。不论是老年人身上的可穿戴设备还是智能家居，均可以通过物联网关联起来，将老年人生理指标和行为举止进行全周期采集记录，在实时监测老年人安全状况的同时，帮助其进行慢性病预防。

社交需求下的文娱和关怀场景。陪伴机器人就是应老年人社交需求而生的一款智能产品，现在市面上的机器人不仅可以作为老年人与外界交流的媒介，还可以为老年人提供音乐、有声读物、视频等。

尊重需求下的评价场景。评价场景是指推出的科技应用具有评价反馈的功能，允许老年人提出改进建议和不满之处。

自我实现需求下的教育学习场景。现在老年学习已经从以往的线下教学转到了远程、线上授课，老年人可以随时、随地进行自主学习（图11-4）。

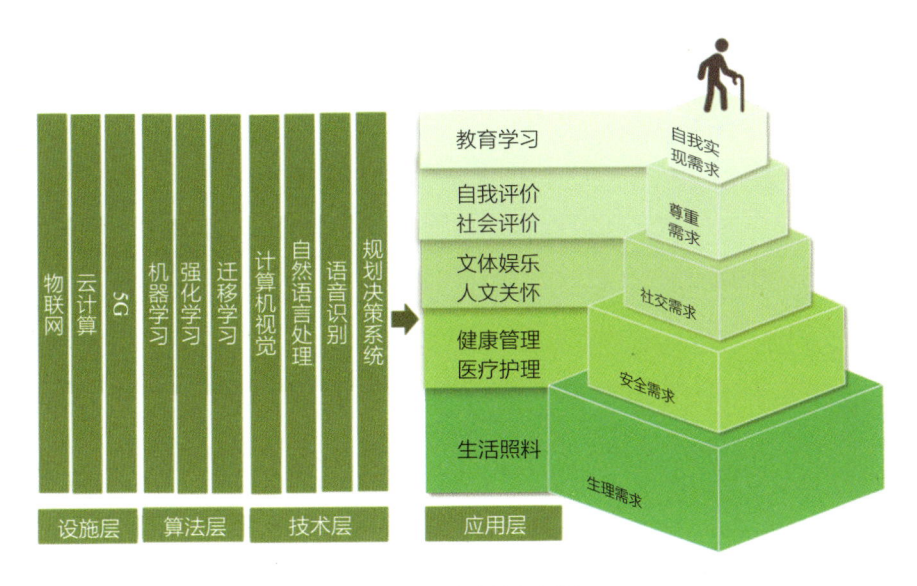

图11-4 智能技术在养老中的运用

（二）智能简化的科技创新

尽管新技术本身也许趋向于复杂化，但是其使用却更智能化和简单化，甚至可以将产品功能"傻瓜式"地呈现[1]。

产品和服务趋向简单化。例如，语音识别技术可以通过声纹识别、语音合成、语音理解等方法将语音词汇转换为按键、编码或字符序列，使计算机等硬件设备可以智能识别，避免老年人手动操作输入；人机交互技术甚至可以支持肢体动作与数字设备进行交互，当老年人作出相应的指令时，设备便会有效响应。

产品和服务趋向智能化。例如，计算机视觉技术可以代替人眼对目标进行识别、跟踪和理解，最终处理为人眼更能观察的图像，帮助老年人从复杂图像或多维数据中获取更多易理解、易分析的信息。算法还可以通过获取老年人过往的行为记录推断其偏好，从而为其推荐服务。

五、小结

在国家政府部门的指导和带动下，在全社会的参与下，国内老年人数字鸿沟治理实践已然形成了多元协同、开放包容的治理格局，涌

---

[1] 光明网. 数字技术要用来构建老年友好型社会［EB/OL］.（2020-06-10）［2021-10-25］. http://news.cyol.com/app/ 2020-06/10/ content_18654195.htm.

现出一批又一批优秀案例。

  首先，政府在顶层规划设计的基础上，注重内外兼修。一是以政策规划把控治理总体方向和目标；二是加大力度推进适老化数字环境的营造；三是不断挖掘和总结成功治理经验以建立治理机制。

  其次，企业着力于打造老龄友好的市场环境。在设计生产上，强调数字技术应用让老年人能用和想用；在市场供给上，建立完整的智能养老产业链，提供全面化、多样化的产品和服务；在数字安全上，通过硬技术保障和软治理加强两手抓的方式，杜绝数字诈骗、数字陷阱等恶劣现象。

  再次，社会公众通过教育培训、家庭反哺、社区服务、公益帮扶等多种渠道致力于老年人数字素养提升和适老化数字环境建设。

  最后，科技创新立足于老年人生理、安全、社交、尊重、自我实现的主要需求，逐渐走向智能化和简单化。

第十二章

国际老年人数字鸿沟治理实践

针对老年人"被智能所困"的现象,借鉴韩国、日本、欧盟国家等已经出现明显老龄化趋势国家的经验做法,学习美国、新加坡等发达国家在帮助老年人群体跨越数字鸿沟上的战略调整等有效应对措施,总结适合我国国情的治理理念和实践方案,对促进我国智慧社会和数字技术的高质量发展具有重要借鉴意义。

一、美国数字鸿沟治理实践

(一)美国数字鸿沟治理背景

美国老龄化发展现状。据美国卫生与公众服务部的老龄问题管理局(AOA)在2021年5月发布的2020年美国人口普查结果显示,截至2019年,美国65岁及以上的老龄人口达到5410万人,超过总人口的16%,已经进入老龄化阶段;同时,普查结果预测,美国65岁及以上老年人占总人口比例到2040年将达21.6%(图12-1)。

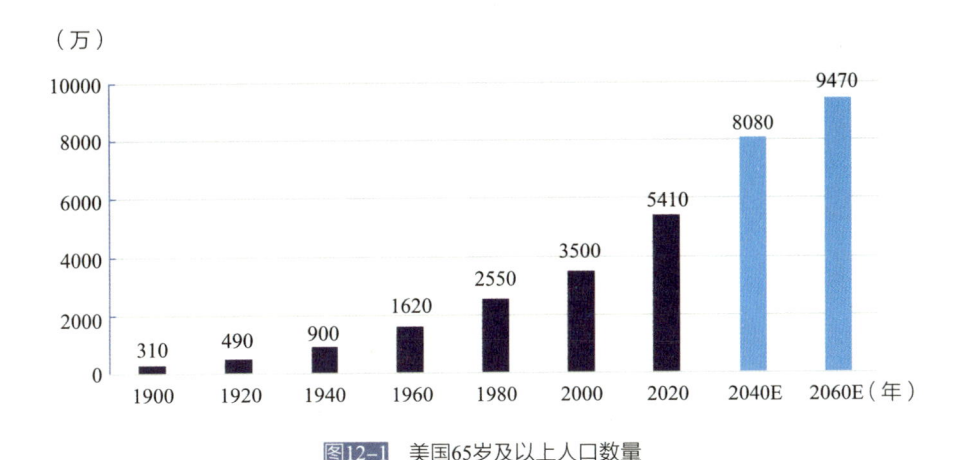

图12-1 美国65岁及以上人口数量

注：每年的增量是不均匀的，E表示预测值。
数据来源：美国人口普查局2020年美国人口普查结果。

数据（单位：万）：
- 1900年：310
- 1920年：490
- 1940年：900
- 1960年：1620
- 1980年：2550
- 2000年：3500
- 2020年：5410
- 2040E：8080
- 2060E：9470

作为全球网络信息化最发达的几个国家之一，美国虽然已进入老龄化社会，但事实上，在2020年，50岁及以上的美国人的网络智能设备拥有率达到了与18～49岁消费者相近的水平（图12-2），缩小了传统上的代际差距。所有老年年龄段（50～59岁、60～69岁、70岁及以上）使用网络设备的比例都有显著增加（图12-3），如使用手机的老年人比例从2017年的70%增长到2020年的85%，使用笔记本电脑的老年人比例从2017年的62%增长到了2020年的68%，使用平板电脑的老年人比例从2017年的43%增长到了2020年的56%。全美老年人每周花费在网络零售App上的时间在2020年大幅增加，从2019年的34%上升到2020年的54%；每周观看网络视频App的时间从2019年的17%增加到2020年的22%；每周使用社交App的时间从2019年的58%增加到2020年的66%（图12-4）。

· 207

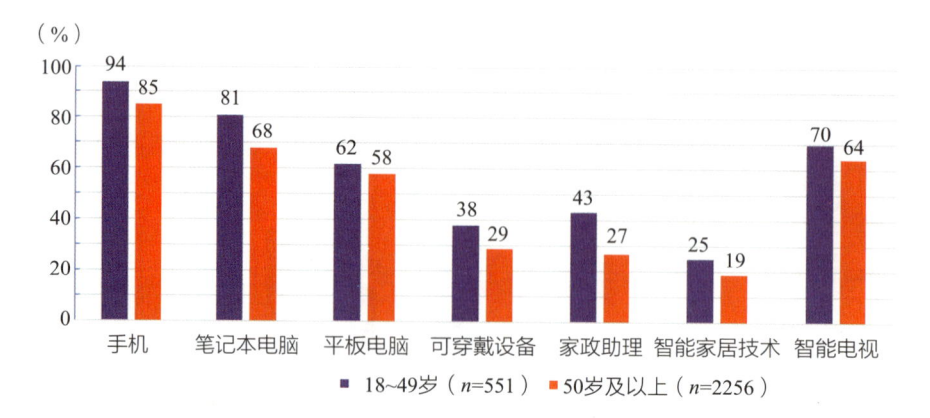

图12-2 2020年18～49岁与50岁及以上老年人使用网络设备情况

注：n代表样本数量。
数据来源：美国退休人员协会（AARP）《老年人网络使用报告》。

图12-3 50多款App中每周使用年增长率最高的10款App

数据来源：美国退休人员协会《老年人网络使用报告》。

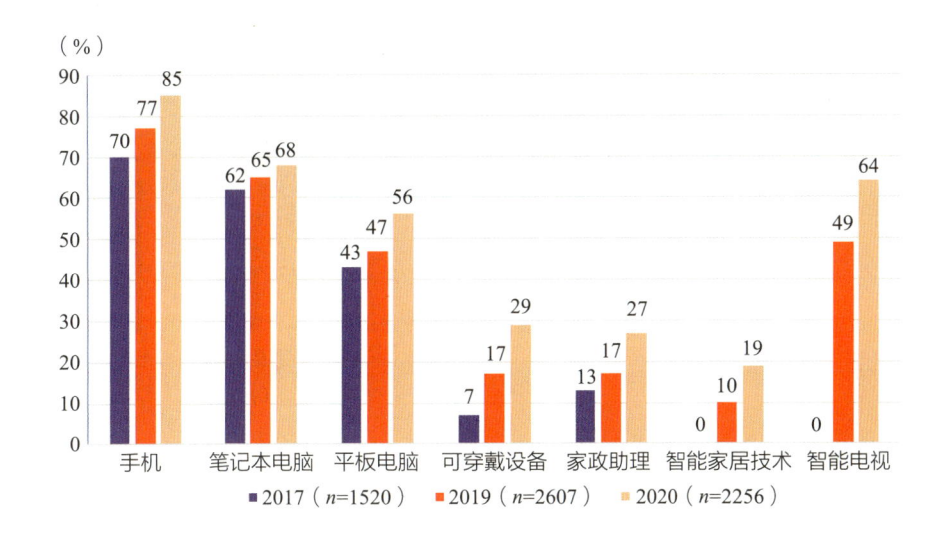

图12-4 50岁及以上人群拥有设备趋势

注：n代表样本数量。
数据来源：美国退休人员协会《老年人网络使用报告》。

新冠肺炎疫情让生活在农村的美国老年人遭遇了很大困难。其间，医生和护士通常采用在线的方式与病人保持联系，而很多老人缺乏这样的条件，难以得到及时的医疗服务。根据皮尤研究中心的调查，在不上网的美国人中，有三分之一的人表示"没兴趣"，32%的人表示"互联网太难掌握"（其中，8%的人明确表示自己"太老了，学不会"），还有19%的人出于经济原因，无法负担网络和电脑费用[1]。

美国数字鸿沟治理历程。"数字鸿沟"由美国国家远程通信和信息管理局在1995年的《"在网络中落伍"——一项对美国城市和农村中的未曾拥有者的调查》、1997年的《"在网络中落伍"——数字化

---

[1] 邱林. 外国救助"数字难民"新举措[J]. 检察风云, 2021(6): 18-20.

生活差距的新数据》和1999年的《"在网络中落伍"：定义数字鸿沟》等报告中相继提出，数字鸿沟指的是拥有信息时代工具的人与未曾拥有者之间存在的鸿沟。在美国，老年人成为"数字难民"也是颇受社会关注的话题。20世纪60年代以前出生的老年人被归类为典型的"数字难民"，他们不愿或不擅长使用网络，不断被边缘化，甚至被排斥在数字生活之外，形成老年数字鸿沟等社会问题。根据美国商务部的数据，约有3100万美国人无法使用高速互联网服务，其中很大一部分是老年人。据彭博新闻社报道，美国使用智能手机的老年人比例已达到42%，有67%的老年人表示他们能够上网。但在65岁及以上的老年人中，只有四分之一的人说他们对使用电子产品上网感到自信。成为"数字难民"会给生活带来诸多不便，包括无法跟人及时交流导致的孤独感等，新冠肺炎疫情凸显了这一问题。根据美国的数据，有近1380万名65岁及以上的美国人独自生活（占该群体的28%）。美国国家科学院的报告称，缺乏社交和大脑刺激是诱发心脏病和老年痴呆症的因素[1]。

美国西弗吉尼亚州残疾人权益组织的法律总监耶利米·安德希尔（Jeremiah Underhill）表示，目前存在许多老年人因与家人和朋友接触不多而感到孤独的现象，为防控新冠肺炎疫情而采取的居家措施更是加剧了这种情况。如今，随着远程工作和远程医疗的普及，很多沟通交流通过线上即可完成。社会似乎忽略了一个关键群体——无法使用可靠的、负担得起的高速互联网的老年人。美国国家远程通信和信息

---

[1] 邱林. 外国救助"数字难民"新举措 [J]. 检察风云, 2021（6）：18-20.

管理局2020年发布的第15版《互联网使用调查报告》显示，截至2019年11月，近八成美国人使用互联网，但数字鸿沟依然明显，主要存在于农村、非裔和拉美裔群体、低收入阶层、老年人群体。好消息是，65岁及以上老年人中上网者的比例相比2017年增加了5个百分点（达到68%）。

（二）美国相关治理经验做法

填平数字鸿沟。美国一些组织和地方政府已经认识到老年人面临数字鸿沟，如纽约市政府正与电信公司合作，推广"消除城市的数字鸿沟"项目，旨在向居住在公共住房中的65岁及以上老年人发放平板电脑，并提供一年免费网络服务。纽约市政府技术官员约翰·法默（John Farmer）表示："网络宽带是公共卫生必需品。人们要在数字时代获得必要的服务，必须先上网。"

发挥公共基础设施作用。美国国家远程通信和信息管理局实施宽带技术机会计划，以缩小互联网覆盖差距和数字鸿沟，发挥公共基础设施在提升老年人数字技术水平方面的作用，以此缩小数字代沟。该计划在互联网接入、宽带安装和网速提升等方面提供资助，并在老年人方便和易于访问的环境中（老年活动中心、图书馆等）开发和扩大公共计算机中心。该项目还与其他非营利组织合作，资助计算机中心设立数字扫盲课程，该课程涉及基本的计算机技能、在线搜索和社交媒体教程。

开展老年人数字素养培训。美国通过政府牵头，推动社会团体投身于消弭数字鸿沟的实践。据不完全统计，目前旨在提升老年人技术使用能力的机构超过10家，其中较为出名的机构有美国国家远程通信和信息管理局、美国退休人员协会、老年人网络中心、老年人技术服务中心、圣巴纳巴斯老年服务中心和在线世代6家。美国圣巴纳巴斯老年服务中心不但提供老年群体学习所用平板电脑，还开设课程面授和实践服务，这些课程包含在线交易和安全性判断、计算机基础知识、电子邮件收发，以及如何在平板电脑上与家人和朋友联系等内容。老年人技术服务中心下设的"老年之家"（Senior Planet）活动中心不但开设数字扫盲和免费的计算课程机，还向老年人展示利用技术进行社交活动的具体做法。

利用代际互动方法。美国老年服务公司与在线世代合作实施数字包容性计划，让先学会互联网使用技术的老年人指导他们的同龄人。老年人网络中心主张利用代际互动方法，由高中生和大学生指导老年人掌握计算机基本使用技能。

二、欧盟数字鸿沟治理实践

（一）欧盟数字鸿沟治理背景

欧盟老龄化发展现状。根据欧盟统计局2021年发布的人口统计数据，2020年欧盟65岁及以上人口占比（老龄化率）已达20.8%，并且欧盟人口将持续老龄化（图12-5）。这可以通过老年人口抚养比来说明，老年人口抚养比是指老年人（65岁及以上）与工作年龄人口（15~64岁）人数的比率[1]。预计到2100年，欧盟的老年人口抚养比将达到57%，这几乎是2019年（31%）的两倍，该增长符合过去十年的趋势（2009年为26%）。

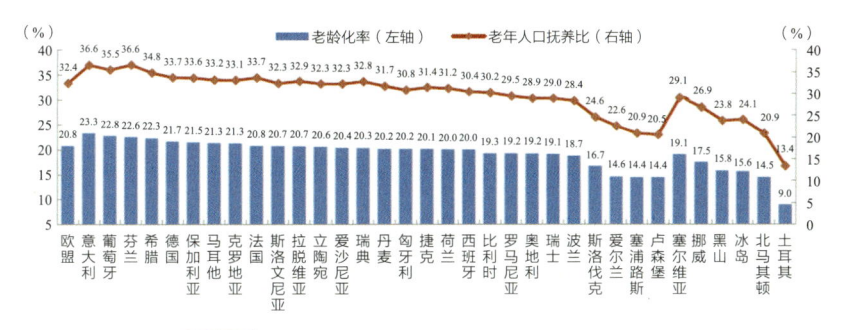

图12-5 2020年欧洲国家老龄化率与老年人口抚养比

数据来源：世界银行。

2019年数据显示，得益于欧盟较高的教育水平和养老福利，在55~74岁人群中，近60%的人经常使用网络购物，相较于16~24岁人群（78%）和25~54岁人群（76%），欧盟老年人对于网络的使用接受程度也不落下风（图12-6），甚至低频次使用智能设备进行互联网消费的老年人平均比例比年轻人还高，欧盟的老年人中，平均每三个月一至两次使用智能设备采购的比例为38%，3~5次为36%，均高于年轻人（图12-7）。

---

[1] 老年人口抚养比定义来自MBA智库概念解释，参见https://wiki.mbalib.com/wiki/%E4%BA%BA%E5%8F%A3%E6%8A%9A%E5%85%BB%E6%AF%94。——作者注

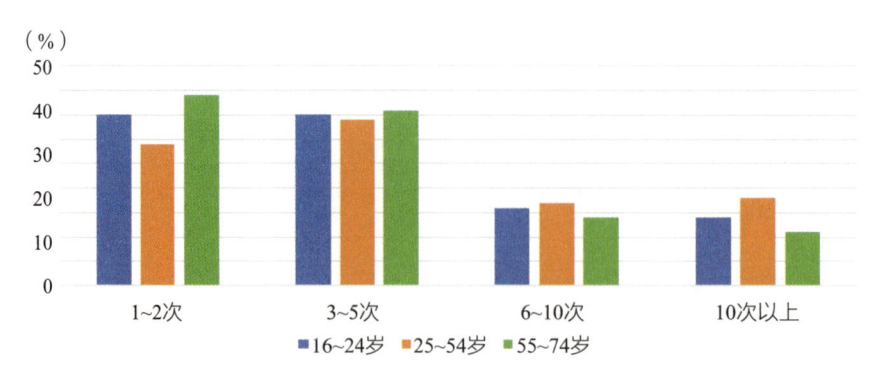

图12-6 2019年欧盟各年龄段使用智能设备网络采购频率

数据来源：欧盟《2020年数字经济和社会指数》。

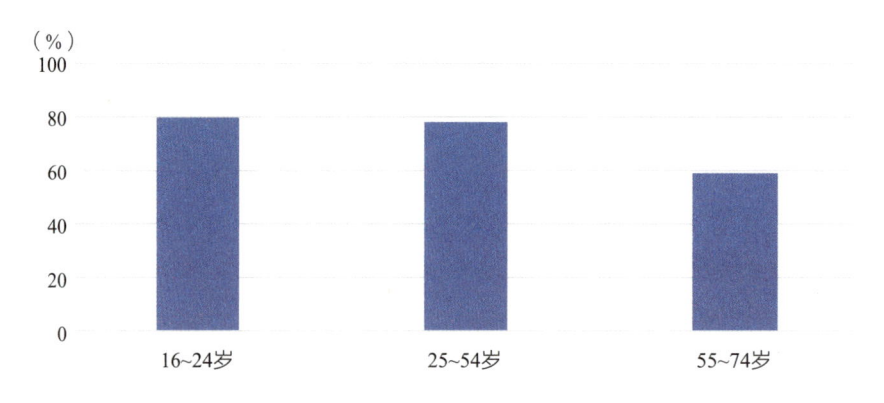

图12-7 2019年欧盟各年龄段使用智能设备网络采购比例

数据来源：欧盟《2020年数字经济和社会指数》。

欧盟数字鸿沟治理历程。欧盟由于其特殊的政治因素和地理环境，面临着更严峻的数字鸿沟治理难题，也采取了大量举措来缩小成员国及地区间的差异，因此，欧盟的数字鸿沟弥合举措相对较为成熟。欧盟在2006年正式引入了"数字包容"一词，数字欧洲咨询小组认为，数字包容是指信息通信技术在各个层面（社会生活、就业、政治参与、健康、娱乐等）促进均衡和促进社会参与的程度[1]，而数字鸿沟代表"那些有权大力参与信息和知识社会与经济的人与那些没有参与的人之间的差距"。

21世纪以来，欧盟发布了一系列计划及战略报告来试图构建包容社会、缩小社会差距。2007年，欧盟制定了《面向21世纪的电子技能：促进竞争力、成长与就业》（Electronic Skills for the 21st Century: Fostering Competitiveness, Growth and Jobs），建立统一的欧盟数字化技能策略，重点关注失业者、老年人及低教育程度群体的数字扫盲，提出五条行动线，旨在实现电子包容，如终身学习方案、竞争力和创新框架方案等。同时，全面推动电子无障碍立法，保障老年人等数字弱势群体的利益。2010年发布的《欧盟2020战略》制定了欧洲数字化议程，旨在更好地利用信息通信技术。这是欧洲2020战略的七大支柱之一，强调欧洲公民数字素养和技能的提高，尤其是数字化贫困群体，以促进创新和经济增长，为所有人提供快速的互联网接入，以及促进数字素养[2]。2021年3月，欧盟委员会发布《2030数字指南针：欧洲数字十年战略》，再次强调了欧盟数字主权。欧盟追求数字化政策赋能个人和企业朝着以人为本、可持续发展和更繁荣的数字化方向发展，确保欧洲的所有公民和企业都可以利用数字化转型来改善生活。

---

[1] 杜鹏，韩文婷. 互联网与老年生活：挑战与机遇[J]. 人口研究，2021，45（3）：3-16.
[2] 欧盟. 欧盟2020战略[EB/OL]. （2010-03-03）[2022-04-15]. https://ec.europa.eu/eurostat/documents/3217494/10155585/KS-04-19-559-EN-N.pdf/b8528d01-4f4f-9c1e-4cd4-86c2328559de.

到2030年，欧盟将为更广泛的人群提供数字技能，至少80%成年人都应具备基本的数字技能，并建立安全、高性能和可持续的数字基础设施。

（二）欧盟相关治理经验做法

心理层面的数字贫困治理方面。 欧盟不断强化对数字技术创新的财政支持，以提高社会对数字化的关注度，拉动社会对数字产业的需求。从1984年的第一框架计划（FP1）到2014年的"地平线2020"（Horizon 2020）计划，欧盟持续增加对数字化的研发支持，并促进各成员国在技术开发上保持合作。欧盟在弥合老年数字鸿沟方面，更注重发挥学校的教育作用，联合德国、西班牙等国的老年大学，成立老年数字学院，免费开设课程，为老年人提供数字技能学习机会。

完善数字化基础服务方面。 欧盟制订了老年快乐计划（Ageing Well Action Plan），强调数字化技术的重要性，并将为其提供解决方案。欧盟还鼓励相关部门和企业设计、研发符合老年群体数字化需求的产品，通过创新产品和服务来提高其数字化获取能力，满足老年群体数字化需求。欧盟"地平线2020"计划强调构建"积极健康的老龄化社会"，其投入12亿欧元促进相关数字产品的研发与创新。

法律法规支撑方面。 欧盟制定了系列法律来保障数字化贫困群体的合法权益，在法律层面降低数字化贫困群体对数字化的担忧及恐惧。2002年欧盟发布了《电子通信网络通用服务和用户权利》指令，强调电子通信服务的质量和价格的一致性，低收入用户可享受特殊帮助；若服务没有达到最低质量标准时，用户可获得补偿和退款。欧盟还全面开展电子无障碍立法活动，从法律层面切实保障数字化弱势群体的利益，如瑞士的《政府及公共事业部网络无障碍法规》、西班牙的《计算机无障碍法规》、荷兰的《网络无障碍法规》等都是电子无障碍立法活动的具体实践。

三、日本数字鸿沟治理实践

（一）日本数字鸿沟治理背景

日本老龄化发展现状。日本已进入超高龄化社会。根据日本总务省数据显示，日本总人口已于2010年达到峰值（1.28亿人）。截至2021年2月，日本总人口约为1.25亿人，预计2030年将下降到1.16亿人，到2060年将少于9000万人。日本全国65岁及以上老年人占总人口比例已达29.1%，2030年将达31.6%，到2060年将达39.9%（图12-8）。日本60～69岁居民人均储蓄为1340万日元（约83.1万元人民币），是可支配财产最多的群体。老年消费市场十分活跃，且老年人网购十分活跃，消费总额年均23.18万日元（约合1.4万元人民币），远超平均水平。

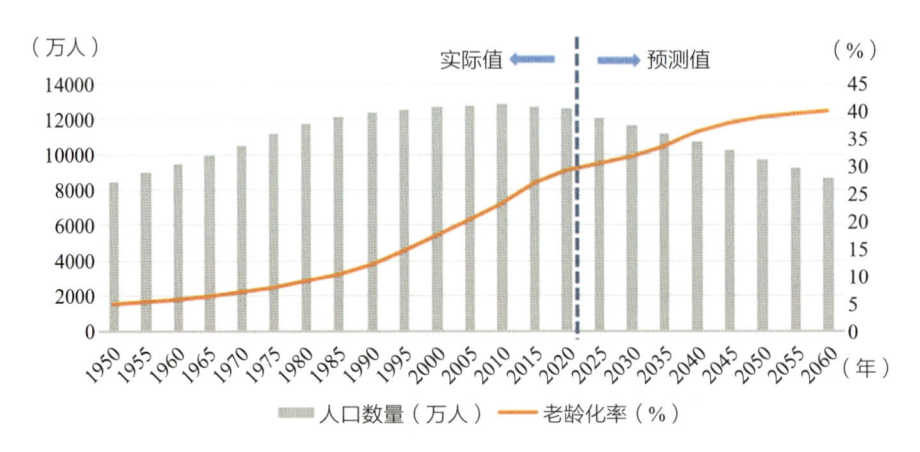

图12-8 日本总人口数量及老龄化率的情况及预测

数据来源：根据日本总务省"国势调查"、日本国立社会保障与人口问题研究所"日本将来推计人口"整理。

作为全球超高龄社会，日本明确提出要构建对老年人友好的日本特色数字社会，并进一步提出"没有意识到数字的数字社会"概念，在发展其数字化核心应用的同时，主动做到"适老化"。因此，日本既不会走中国式的数字化道路，也无法走美国式由GAFA[1]主导的数字化道路。根据日本总务省"通信利用动向调查"显示，65岁及以上老年人互联网利用率已从2008年的37.4%上升到了2019年的72.4%，提高了约35%。60~65岁老年人互联网利用率甚至达到94.2%，并且还在逐年增加（图12-9）。60岁及以上老年人，尤其是60~64岁年龄段老年人的智能手机使用率也不断上升，从2015年的14.7%上升至2019年的68.6%（图12-10）。其中，65岁及以上老年人会使用互联网消费的

---

[1] 指美国的四大互联网巨头谷歌（Google）、亚马逊（Amazon）、脸书（Facebook）和苹果（Apple）。——作者注

行动篇 | 迈向数字包容的智慧老龄社会

比例也从2017年初的不到20%上升到了2020年的31.2%（图12-11）。

图12-9　日本国民全体及老年人互联网利用率情况

数据来源：作者根据日本总务省2008—2019年的"通信利用动向调查报告书世代篇"统计表整理。

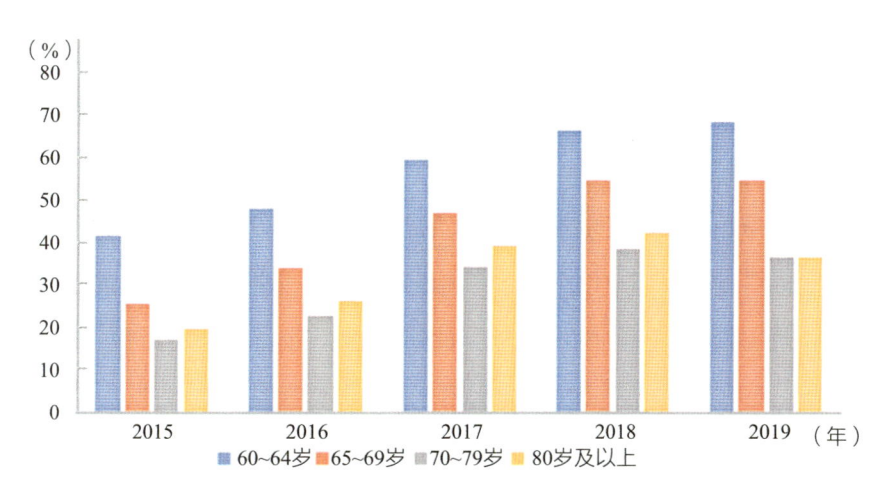

图12-10　不同年龄段老年人智能手机使用率情况

数据来源：作者根据日本总务省2015—2019年的"通信利用动向调查报告书家庭篇"统计表整理。

·219

图12-11 日本使用互联网购买和交易产品和服务年龄段比例情况

数据来源：作者根据日本总务省"家计调查报告"整理。

日本数字鸿沟治理历程。日本先后颁布了三项重大国家信息战略计划，从2000年初的"e-Japan"、到2004年的"u-Japan"和2015年的"i-Japan"，逐步帮助老年人实现跨越数字鸿沟三级跳。一是"e-Japan"阶段，强化信息化基础设施建设，该阶段旨在促进信息化基础设施建设及相关技术研发，使每个国民都能灵活运用数字技术，最大限度地享受数字技术带来的便利，为数字化社会的发展打下坚实的硬件基础。二是"u-Japan"阶段，该阶段旨在提升数字化技术的普及率，通过开发便捷的人机交互界面及高级代理技术，建立适于老年人使用的数字系统。在确保信息可获得性的同时，兼顾老年人体验与感受，并提供相关知识培训。"通信利用动向调查"显示，2001—2012年，日本60~64岁年龄段中使用网络的比率从19.2%上升到71.8%，65~69岁年龄段则从12.3%上升到62.7%，70~79岁年龄段从5.8%上升至48.7%，均呈现迅速增长态势。三是"i-Japan"阶段，该阶段旨在搭建新型信息化政府平台，通过建立电子政府推进体系，推广老年人可以放心使用的电子政府，全面落实可在住宅或便利店内办理必要手续的渠道。同时，所有行政窗口仍向有使用数字技术困难的老年人提供高质量的一站式行政服务，大幅提高老年人办事的便利性，实现行政事务的简单化、效率化、可视化和标准化。2016年1月，日本内阁会议审议通过了《第五期科学技术基本计划（2016—2020）》，提出智能"社会5.0"的概念。"社会5.0"以问题为导向，从产业变革为切入点来发展经济，同时解决面临的社会难题。2020年5月，为应对新冠肺炎疫情，日本政府给每个国民发放10万日元"特别定额给付金"。人们可以通过网络申领，一周左右就能收到钱。不会在网上进行申领的人，只能等各级行政单位的工作人员把纸质通知单寄出，收到通知单并填写申请后再寄回。这样的过程需要超过一个月的时间。

（二）日本相关治理经验做法

做到传统服务与数字服务相配合。日本全国有近6万家便利店，密集度相当高，平均每2000个人就有一家便利店。日本便利店已成为老年人的生命线和社会必要基础设施，能够满足老年人线上线下日常生活需求。除了日常用品，每家便利店还提供自动取款机，满足老年人偏向使用现金支付的需求，众多便利店还提供便于老年人代缴水电费等费用、购买票据、充值预付卡等服务使用的多功能服务机。同时，部分便利店店主也会为老年人提供附加的一些人性化服务，如打扫房间、维修家庭等。在支付手段方面，除了传统现金支付方式，还提供信用卡、借记卡、储值型智能卡、传统银行转账、手机支付、预付卡、代金券等多种支付方式（图12-12a、图12-12b）。其中，储值型智能卡对老年人来说，不仅使用方便，且应用范围广泛，如东日本旅客铁道开发的企鹅卡（Suica），除了公交车、地铁、新干线、出租车等交通用途，也可在商场、便利商店、餐厅、自动贩卖机等多场景中使用。另外，日本大型便利店罗森集团还开设了专为老年人提供的集普通便利店、处方药和非处方药销售、护理及营养健康咨询等功能为一体的多功能健康便利店，为老年人提供更多生活便利。

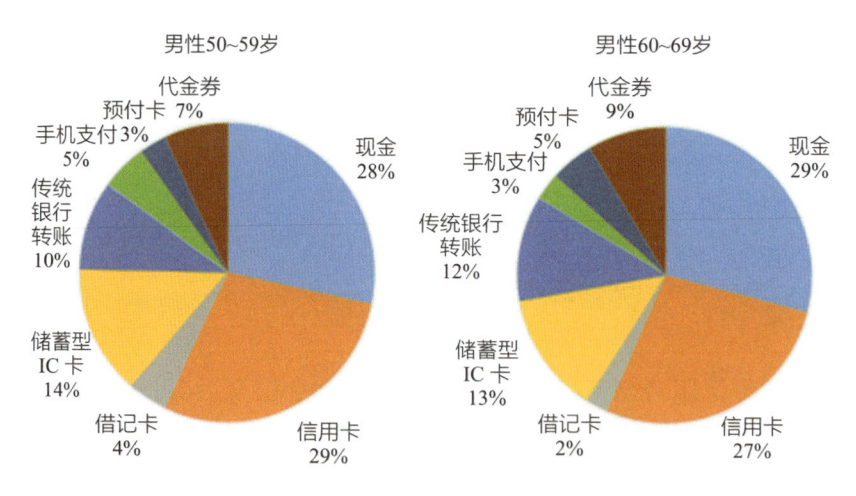

图12-12a 日本老年用户支付方式使用比例情况（男性）

数据来源：作者根据日本问卷调查报告整理。

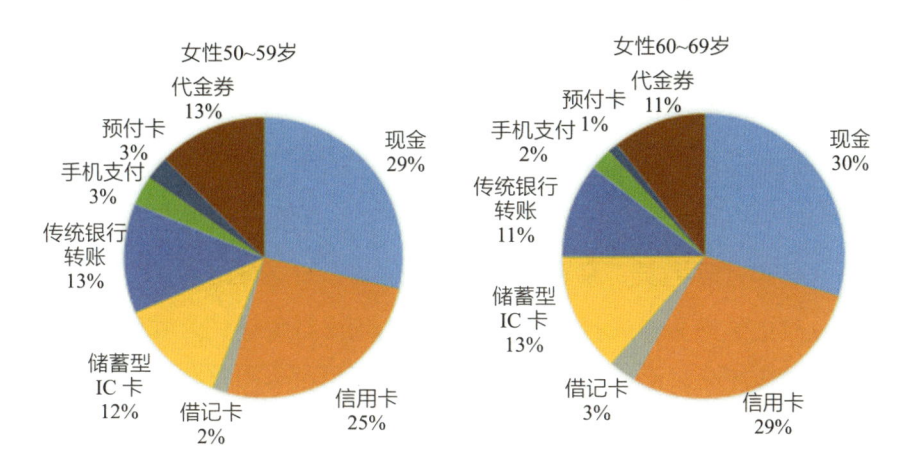

图12-12b 日本老年用户支付方式使用比例情况（女性）

数据来源：作者根据日本问卷调查报告整理。

实现传统设备与智能设备相融合。与教授老年人学会使用新型智能设备相比，尽可能推动传统设备与智能设备相融合，更有助于降低老年人学习成本。日本开发人员将老年人的邮筒改造成智能打印机，与智能手机进行绑定，家人只需将社交媒体信息进行共享，邮筒就能自动识别并打印成一份"日报"；开发人员还将传统录像带播放器改造为云端录影带，将影片上传云端，自动生成二维码，老年人只需把二维码贴在录影带上，即可观看电影；智能转盘电话将电话和带有摄像头的电视连接起来，家人发起视频通话时，转盘电话就会同时响起，老年人接起电话就可以对着电视开始视频通话；智能拐杖除了能为老年人提供稳固支撑力，还能根据老人正在行走的道路情况感知障碍物，做出及时调整，也可将行走信息即时传送给家属，可随时查看。

推动传统助老与新兴技术相整合。在日常出行方面，老年人由于反应速度慢、视力退化等生理局限，外出发生危险概率较高。日本企业与政府通过安装物联网装置，获得高龄驾驶者的行车记录、行驶速度、出行位置等各项数据，利用云端平台分析驾驶人可能出现异常，如发现车辆人在一块区域内不停地绕圈时，装置会主动发送通知和定位给家属和管理人员，从而减少意外发生概率。在公共交通服务上，日本政府更是充分考虑行动不便的老年人的出行需要，除专门的硬件设施和智能化的提醒服务，公共服务部门还提供专门出行协助。老年人可拨打专用电话告知行程，到站后工作人员会提供专用辅助工具和专门护送。全日本打车服务方式始终以扬召、电召为主，网约出行为辅，避免老年人无法使用出租车等情况。

促进传统医养与数字医养相结合。承担养老服务的载体呈现出医养结合的趋势，社区养老出现多功能的医养结合产业集群，成为统筹社区内老年人医养服务的生活平台。如藤泽市政府联合松下集团整合能源、信息网络等，建造生态友好宜居智能建筑，提供从医疗、护理到配药的无缝服务和老年人上门定制服务，构建了与医院、诊所、药房等进行网络连接的可持续发展型未来社区。此外，日本保险公司与科技公司InfoDeliver还共同开发了预防失智症应用，通过全球定位系统，计算出高龄用户的步行速度，并与数据库内各年龄层平均步行速度进行比对，协助用户及早发现失智症前兆。一旦老年人出现18小时以上没有任何动作的情形，App也会自动向家属发送警报。

注重传统观念与数字素养相耦合。日本政府着力打造老年人全方位数字素养培育体系，通过建立银发族数字教育实体网点，进行上门式数字教育，如日本静冈推出"老年人互联网安全课程"、非营利法人集团的"老年人平板电脑课程"等,帮助老年人实现"数字脱盲"并大力促进青年人与老年人互通学习,如设立"Kumoku-kai"。在年轻人教授社交媒体使用方法的同时,老年人也可向年轻人传授手摇计算器等经验,产生双向影响效果,把喜欢智能设备、熟练操作的老年学员培训成讲师,充分发挥老年人主观能动性。同时,扩大覆盖数字素养培育实施对象范围,将数字素养培育融入多领域教育中。如2014年发布的《与家庭护理相结合促进适当使用信息系统照顾老年人的指南》,在对家庭、养老院、护理职工进行数字素养培育的基础上,通过标准化数据收集和管理搭建信息网络,将老年人健康服务纳入公共卫生、医疗、护理和福利工作的整体体系中,提升和保障老年人介护服务质量。

四、韩国数字鸿沟治理实践

(一)韩国数字鸿沟治理背景

韩国老龄化发展现状。韩国老龄人口比率为15.7%(图12-13)。从2011年到2020年,韩国65岁及以上老龄人口平均年增长率为4.4%,近十年来,韩国老年人口每年增加29万人。韩国已经成为经济合作与发展组织成员国中老年人口增速最快的国家,韩国的老龄化速度是经合组织成员国平均值(2.6%)的1.7倍。

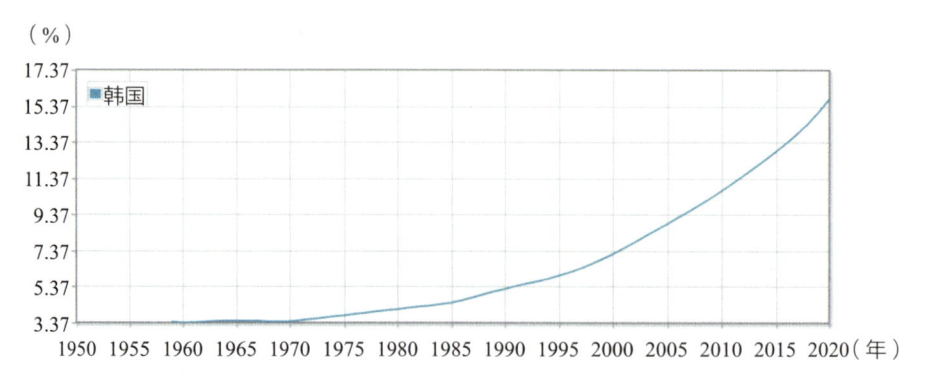

图12-13 韩国65岁及以上老年人占总人口比重走势图

数据来源：韩国行政安全部2020年人口统计结果。

    韩国政府一直致力于对网络战略的前瞻策略及大力投资，尽管韩国国内市场狭小，却坐拥SK、KT和LG三大世界级电信网络运营商，为消费者创造了优渥的互联网消费环境。2019年，韩国70岁以上老年人使用智能手机的比例为37.8%，使用网络比例为38.9%[1]。在网络购物上，韩国60岁以上老年人的消费也大幅增加，从结算金额和结算数量上看，2021年，60岁以上老年人这一年龄段的增长率均高于其他年龄段增幅，且几乎是40岁以下中青年群体的两倍多（图12-14）。

---

[1] 张悦. 科技赋能，让老年人乐享数字生活（记者观察）[N]. 人民日报，2021-01-04（17）.

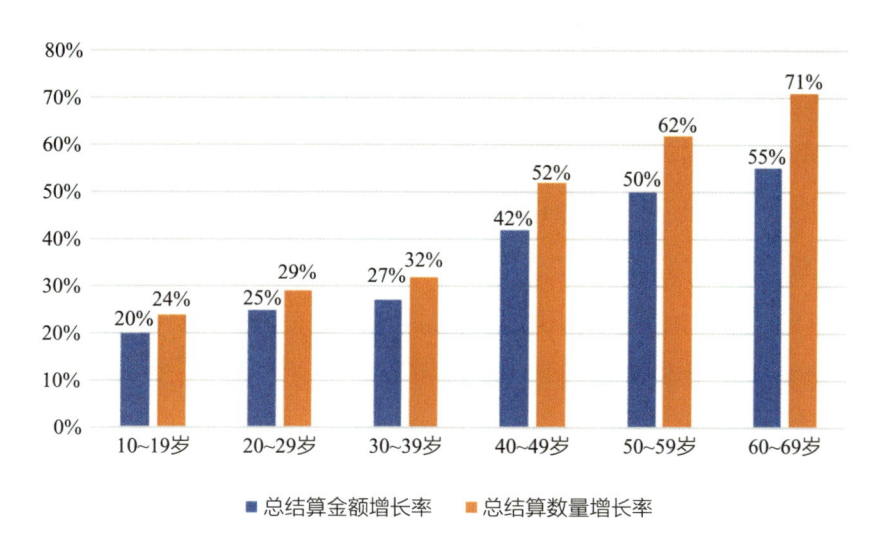

图12-14 2021年韩国各年龄段人群网络购物增长情况
（以2020年同比增长率为基准）

数据来源：韩亚金融经营研究所发布的《2021年各年龄段线上消费形态的变化和启示》。

韩国数字鸿沟治理历程。为缩小数字鸿沟，韩国在管理体系建设、政策规划制定等方面采取了一系列有效措施。韩国政府规定从1988年起设立韩国"信息月"，在"信息月"中开展提高信息技术意识项目，为老年人及其他居民开展计算机培训。在构建缩小数字鸿沟管理体制方面，指定科学技术信息通信部负责起草缩小数字鸿沟的各项政策及法规，在科学技术信息通信部内设立国家信息振兴局，成立缩小数字鸿沟委员会。在设计缩小数字鸿沟规划体系方面，针对老年人和残疾人的在线内容和数字鸿沟评估，在线上建立了40项针对残疾人、老年人、低收入人群等的在线内容。2004年开发了"韩国数字鸿沟指数"，开展年度调查；2002年开始对残疾人、老年人等开展年度调查。在制定缩小数字鸿沟相关政策方面，2001年制定、2002年修订《数字鸿沟法》，2001年9月的"缩小数字鸿沟总计划"为2001—2005年缩小数字鸿沟制订了40项行动计划，总预算2000亿韩元，包括提供信息技术培训机会，为残疾人和老年人开发在线内容等。此外，韩国在借鉴互联网发展的基础上提出了"政府3.0"的概念，其核心是"通过信息通信技术为民众提供定制化服务"。在公共数据管理方面，建设公共数据门户网，鼓励私人部门充分利用公共数据；在公共服务改善方面，建立公共交流渠道，完善公共服务平台，提供多样化公共服务。

（二）韩国相关治理经验做法

机器教学培养。首尔市衿川区的木洞老人福利文化中心开设免费教学课程。课堂上，教学机器人为老年学员详细讲解社交软件等各类手机应用的使用方法。此外，韩国政府还设立了无人售卖系统教学示范机器，由老师手把手教老年人使用各种无人售卖系统。

"老老互助"项目。首尔市数字财团招募了200名熟练掌握数字技能的55岁及以上的老年人担任志愿者，教其他老年人学习使用智能手机。这些志愿者被派往基层老年人福利机构，如木洞老人福利文化中心等，同时开展线上线下教学，并根据学员实际情况提供个性化的教学服务。

智能通信可及化便利化。当前，因智能手机通信费较高，韩国部分老年人被迫放弃了使用智能手机。对此，首尔市政府与通信公司合作，为65岁及以上的首尔市民推出月费为2万韩元（约合120元人民币）的老年人套餐，使老年人能以相对较低的价格享受到智能手机上网服务。同时，通信公司为加入套餐的老年人提供智能手机基本操作的培训服务。有专家建议，企业在设计数字产品时，应充分考虑到老年人的使用需求和便利性，研发老年人适用的数字产品。

五、新加坡数字鸿沟治理实践

（一）新加坡数字鸿沟治理背景

新加坡老龄化发展现状。新加坡是亚洲地区人口老龄化最严重的国家之一。基于这一情势，老年人监测系统应运而生，成为新加坡"智慧国"计划的重要组成部分。根据新加坡人口及人才署公布的《2021年人口简报》，新加坡人口总计约545万人，相比于去年同期总人口的569万人，少了24万人。新加坡本地65岁及以上的公民人口占总人口的17.6%，相比去年还要略高一点。机构预测，到2030年，新加坡65岁及以上人口将占总人口的23.8%（图12-15）。

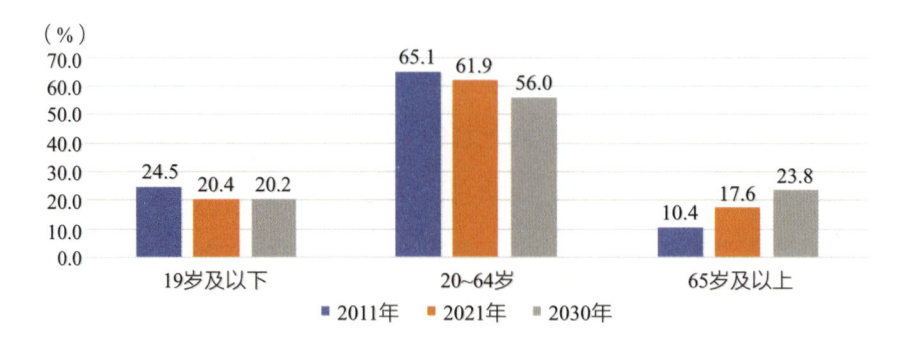

年龄段	2011年	2021年	2030年
19岁及以下	24.5	20.4	20.2
20~64岁	65.1	61.9	56.0
65岁及以上	10.4	17.6	23.8

图12-15 新加坡各年龄段人口比例

数据来源：新加坡人口及人才署公布的《2021年人口简报》。

2020年，新加坡线上消费者中，年龄区间在25～34岁的消费者占到总受访人数的34.3%、年龄区间在35～44岁的消费者占到23.9%、年龄区间在18～24岁的消费者占到23.3%、45～54岁和55～64岁的消费者分别占到14%和4.4%（图12-16）。由于新加坡老龄化问题严重，并且老年人缺少对数字经济和互联网消费的关注，为此政府出台了一系列政策，例如，为帮助老年人掌握数字技能，新加坡政府于2020年7月成立数字转型办公室，并招募"数字大使"走进咖啡店与菜市场等，向摊贩和年长顾客推广电子支付。政府为鼓励这些年长的摊贩提供电子支付服务，每月给予补贴300新加坡元，为期5个月。使用企业版"PayNow"、电子发票等的商家可获补贴高达5000新加坡元。新加坡资讯通信媒体发展局还与当地电信企业合作，自2020年7月起推出"年长者手机上网津贴计划"，提供负担得起的智能手机和配套服务。

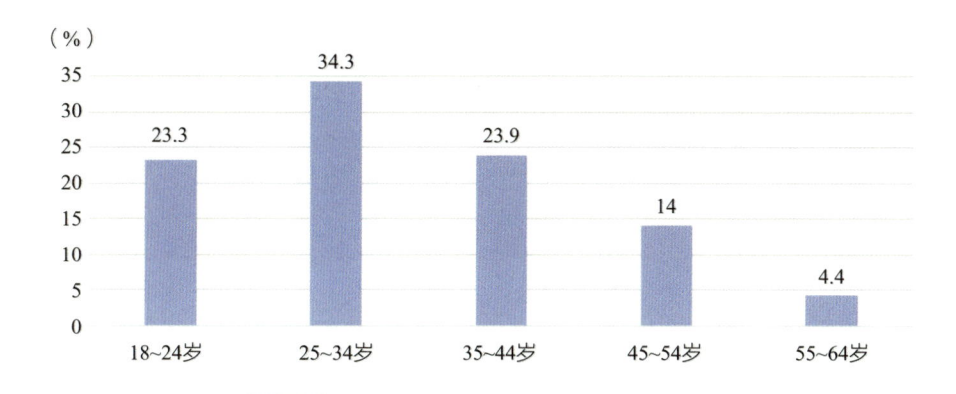

图12-16 2020年新加坡各年龄人群网络购物比例

数据来源：新加坡Hootsuite/We Are Social发布的《2021新加坡电商市场报告》。

新加坡数字鸿沟治理历程。新加坡的信息化建设早在20世纪80年代就已起步，经过多年探索实践，取得了令人瞩目的成就，各项信息化指标皆居于全球领先地位。2015年，新加坡又在全球率先提出"智慧国2025"计划，聚焦数字政府、数字经济、数字社会三大战略重点，夯实下一代数字基础设施与平台、数据资源、网络安全三大基础支撑，加强组织机制创新和发展环境优化，利用无处不在的数字技术打造领先的智能化国家、全球化城市。"数字适老"是新加坡"数字社会"建设规划的重要部分。新加坡政府专门发布了数字预备蓝图（Digital Readiness Blueprint），强调推进增强包容性的数字访问、把数字素养融入国家意识、推动社区和企业广泛采用数字技术、通过设计促进数字包容性等重点工作。新加坡数字办公室（SDO）推进"数字适老"的治理举措并不仅仅是为了给老年人提供免费的数字技能培训，这是一整套基于新加坡老年群体实际情况专门设计的协同性政策。比如，成立于2020年6月隶属于新加坡资讯通信媒体发展局的新加坡数字办公室，将确保所有新加坡人都能"增强生活中的数字能力"作为其主要工作目标，尤其是为社区中不太懂数字技术的人群提供必要支持，培养他们的数字技能和习惯，开启他们的数字之旅，以增强新加坡社会的数字包容性，实现数字适老，消除数字鸿沟。

（二）新加坡相关治理经验做法

数字化服务+非数字化服务方式。在老年人喜欢前往的各社区服务中心设立数百个数字服务柜台，并招募志愿者担任"数字大使"，面对面为老年人提供数字技术操作方面的指导和帮助，并且为残疾老年人等提供一对一数字技能辅导。在确保公共服务可及性的同时，又保留了非数字化服务方式的选择，使老年人能获得更多情感慰藉和数字社会的融入感。

政府+企业机构开展合作。政府与运营商合作，推出"长者移动接入计划"，令低收入老年人能以20美元的低价购买一部智能手机，且老年人在两年内每月仅需支付5美元手机上网费用，切实减轻了老年群体使用数字服务的经济负担。政府也与企业及其他公私机构的雇主开展合作，派专人进入工作场所培训年长的雇员，帮助他们获得与日益信息化的工作环境所匹配的数字技能。每年与公益机构合作，选出精通技术、积极拥抱数字生活的老年人来担任"银发信息大使"，树立榜样激励同龄人，并安排他们到社区开课，以此提高老年人对数字生活的兴趣和信心。

培训基本数字技能+提高课程。除了培训基本数字技能，新加坡还为有需要的老年人额外开设提高课程，包括学习使用与医疗健康有关的应用程序、了解网络安全与诈骗防范相关知识等。新加坡资讯通信媒体发展局早在2007年就推出"银发族资讯通信计划"，通过建立健全各项相关设施与机制，如银发族资讯中心、银发族上网热点、银发族资讯日和银发族资讯电脑等，帮助老年人学习新科技，更多接触电脑与网络。2013年，新加坡资讯通信媒体发展局牵头推出"银发族资讯电脑咨询服务站"。根据该计划，20名经过专门训练的老年人志愿者交替接听两条热线，这群志愿者熟悉英语、汉语及汉语方言（如闽南语、粤语等）。他们不仅对资讯科技颇有建树，还擅长维修电脑。此外，新加坡资讯通信媒体发展局在全国12个银发族资讯站开办新的资讯课程，教年长者如何上网申请护照、通过云端科技发送照片给亲友等。

六、经验借鉴

加强对数字鸿沟治理的财政支持。一是与电信公司合作，推广"消除城市的数字鸿沟"项目。向低收入老年人发放平板电脑，并提供一年免费网络服务或给予费用补助，切实为老年人减轻使用数字服务的经济负担。二是加强对数字化技术创新的财政支持，提升社会对数字化的关注度，刺激社会对数字化产业的需求，不断加大对数字化的研发支持，同时推动与其他国家在技术开发上的合作。

鼓励社会部门和企业设计研发符合老年群体数字化需求的产品。一是发挥公共基础设施作用,缩小互联网覆盖差距和数字鸿沟,在互联网接入、宽带安装和网速提升等方面提供资助,并在老年活动中心、图书馆等老年人方便和易于访问的环境中开发和扩大公共计算机中心。二是加强传统产品与数字产品相配合。企业在设计数字产品时,应充分考虑老年人的使用需求和便利性,降低老年人学习成本,研发老年人适用的数字产品。在提供数字服务方面,尽可能与传统服务相配合。

开展老年人数字素养培训。一是政府和社会团体开展合作,推动社会团体投身于消弭数字鸿沟的实践。老年服务中心为老年群体提供课程面授和实践服务,涉及计算机基础知识、电子邮件收发,以及如何在平板电脑上与家人和朋友联系等。二是发挥学校的教育作用。如欧盟联合德国、西班牙等国的老年大学,成立老年数字学院,免费开设课程,为老年人提供数字技能学习机会。

加强互助学习。一是"老老互助"。让先学会互联网使用技术的老年人指导他们的同龄人,或者与公益机构合作,选出精通技术、积极拥抱数字生活的老年人来担任"银发信息大使",树立榜样激励同龄人,并安排他们到社区开课,以此提高老年人对数字生活的兴趣和信心。二是"代际互助"。由高中生和大学生指导老年人掌握计算机基本使用技能。大力促进年轻人与老年人互通学习,如日本设立"Kumoku-kai",在年轻人教授社交媒体使用方法的同时,老年人也可向年轻人传授手摇计算器等经验,产生双向影响效果。三是设立数码服务柜台,并招募志愿者担任"数码大使",面对面为老年人提供数字技术操作方面的指导和帮助，并且为有身体残疾等问题的老年人提供一对一数字技能辅导。在确保公共服务可及性的同时，保留非数字化服务方式的选择，使老年人能获得更多情感慰藉和对数字社会的融入感。

制定系列法律保障数字化贫困群体的合法权益。政府需要在法律层面化解数字贫困群体对数字化的忧虑以及恐惧。如欧盟于2002年发布《电子通信网络通用服务和用户权利》指令，要求实现电子通信服务质量和价格的一致性，低收入用户可享受特殊帮助；若服务没有达到最低质量标准，用户可获得补偿和退款。欧盟还全面开展电子无障碍立法活动，从法律层面切实保障数字化弱势群体的利益，如西班牙的《计算机无障碍法规》、荷兰的《网络无障碍法规》等都是电子无障碍立法活动的具体实践。

七、小结

结合全球最具代表性国家和地区的老年数字鸿沟治理经验，我国的治理实践应当遵循以下两个基本原则：一是以人为本，使科学技术发展真正服务于人的全面可持续发展；二是技术效率与社会效益相平衡，树立技术效率与社会效益兼顾的长线思维❶。一个有效治理老年数字鸿沟的核心理念应包括以下四个方面：一是参与式治理。应当构建

---

❶ 陆杰华，韦晓丹. 老年数字鸿沟治理的分析框架、理念及其路径选择——基于数字鸿沟与知沟理论视角[J]. 人口研究，2021，45（3）：17-30.

由政府、市场、社会、家庭、老年人等不同主体在内的多元共治格局。二是包容性治理。充分尊重和保障包括老年群体在内的所有人群的基本需求与发展需要，创造年龄友好、代际和谐的社会环境和更具人文关怀的多元社会、包容社会。三是全方位治理。既要关注全人群，将对全年龄段、全区域人口的数字思维和技能培养视作老年数字鸿沟治理的基本方略，还要从老年群体实际需求出发，围绕老年群体日常生活涉及的基本事项和服务场景，分领域制定治理方案，不留治理死角。四是可持续治理。一方面，要关注老年人自身的可持续发展，使科技发展持续为老年人增权赋能，推动老龄社会共建、共治、共享；另一方面，要关注代际关系及代际更替的可持续发展，以社会和家庭两层面的数字反哺为重要渠道，将数字鸿沟有效转化为数字红利。最后，将线上适老化与线下适老化建设相结合，贯彻于顶层制度建设、数字基础接入设施建设、信息能力与素养建设、年龄友好环境建设等弥合老年数字鸿沟的重要战略安排中，最终达到老年数字鸿沟弥合、老年公平发展和老年价值实现的目标追求。

第十三章

智慧老龄社会的包容性治理

近年来，中国大数据、人工智能等信息数字技术快速发展升级，为中国经济发展与社会治理带来新的机遇，智能化产品与服务的广泛应用也极大提高了生产效率，丰富了生活内容，但横亘在老年人面前的数字鸿沟并未消除，因此，亟须为中国积极应对人口老龄化挑战探索治理路径。

构建智慧老龄社会治理体系，对于中国现阶段及未来一段时期内应对人口老龄化任务而言具有重要意义，是这个机遇与挑战并存的数字变革时代的发展方向。本章从解决实际问题出发，旨在为智慧老龄社会的治理提供基本思路、路径选择与行动建议，确保科技赋能社会发展，帮助老年人提升生活质量，弥合数字鸿沟。

一、基本思路

回顾历史，我国一直站在一个动态、可持续发展视角看待人口老龄化问题并进行布局[1]。1994年，《中国老龄工作七年发展纲要（1994—

---

[1] 杜鹏，王永梅. 改革开放40年我国老龄化的社会治理——成就、问题与现代化路径[J]. 北京行政学院学报，2018（6）：37-42.

2000年）》正式出台，明确提出"把老龄事业纳入国民经济和社会发展总体规划"，为我国进入老龄社会后的总体治理指明了方向。

随着对人口老龄化认知的不断增进及社会发展需求的变化，我国老龄社会的治理思路也进行了一定的调整，从健康老龄化向着积极应对人口老龄化的方向推进。近年来，我国相继出台了《国家积极应对人口老龄化中长期规划》《"十四五"国家老龄事业发展和养老服务体系规划》《关于加强新时代老龄工作的意见》等一系列重要政策文件，旨在着力解决老年人在多个领域的现实需求问题，深入挖掘老龄社会潜能，激发老龄社会活力。

迈入数字时代后，面对社会发展新形势，我国亟须调整治理思路，坚持科技和长者相向而行，推动构建数字包容的智慧老龄社会治理体系，大力发展智慧老龄事业和产业，实现以科技持续赋能造福老年人，最终消除老年人数字鸿沟，推动社会公平发展。

（一）治理核心：立足以人民为中心

当前，我国社会人口老龄化问题日益严峻，老年数字鸿沟问题突出。坚持以人民为中心的发展思想，重视解决老年人群体数字需求，构建一个全龄友好的数字社会治理体系，成为推动社会顺利完成数字化转型且不断向前发展的必由之路。

老年人作为老龄社会的重要主体之一，理应得到更多的关怀与帮助。然而，在社会实践中，老年人整体处于数字化时代的社会弱势地位，频频遭遇数字歧视、数字排斥。有鉴于此，我国的智慧老龄社会治理工作应当坚持以人民为中心的发展思想，为全体老年人打造更包容的环境，使其能与其他社会群体共享数字经济发展成果，并尊重和保障包括老年群体在内的所有人群的基本需求与发展需要。

（二）治理理念：推动数字包容

如前文所述，数字包容是数字化进程中的一项重要政策与社会议题，是缩减数字鸿沟的必要努力。当前，我国人口老龄化严峻，社会数字化进程存在较为突出的代际数字鸿沟问题，相当比例的老年人正遭遇数字融入困境。在新冠肺炎疫情防控常态下，随着许多日常生活事项都转向线上模式，这种困境愈发凸显和加剧，不但会影响个体获得数字收益的能力，也将对我国实现数字社会高质量发展构成阻碍。对此，亟须调整治理思路，优化治理路径，创新治理行动，以数字包容为基本理念，改善数字技术的可得性、可及性和对所有人的采用，增进社会参与，突破数字化社会壁垒，加大社会资源向老年群体的倾斜，保障包括老年人在内的所有人有平等机会参与社会数字化进程，推动智慧老龄社会的包容性治理。

（三）治理原则：平衡效率效益

代际数字鸿沟问题本质上是社会数字化进程中追求发展速度与追求发展效益之间的冲突矛盾[1]。为消除这种鸿沟，社会治理体系必须处

---

[1] 陆杰华，韦晓丹. 老年数字鸿沟治理的分析框架、理念及其路径选择——基于数字鸿沟与知沟理论视角［J］. 人口研究，2021（3）：17-30.

理好技术效率与社会效益之间的关系。从社会结构看,我国着力打造"橄榄型"社会,治理模式应当向着更加注重实现社会效益的方向发展。

智慧老龄社会治理须树立底线思维和长线思维,不可为追求数字技术的发展而忽视社会公平,牺牲社会长远利益。应当坚持技术效率和社会效益相平衡,在大力发展和推广数字技术的同时,注意技术性与人文性相融合,在社会治理中嵌入科技力量,推动科技持续赋能提升社会福祉,利用数字技术创新和应用为老年人适应数字化社会提供支持帮助,打造全龄友好的社会环境。

(四)治理目标:实现公平发展

智慧老龄社会的治理以推动代际数字鸿沟弥合、实现老年人公平发展为主要目标。为评估治理是否取得成效,可将其拆解为两个重要指标。

一是保障基本权益,实现数字平等。这是测度智慧老龄社会治理成效的基线。具体而言,要切实加强网络安全、数据隐私等数字时代安全伦理底线保障,增加数字基建、数字服务、数字产品等关键领域的包容性,帮助老年人等数字社会弱势人群尽可能避免数字化带来的潜在风险和伤害,充分维护其基本权利,满足其基本需求。同时,重视调节不同群体间的核心利益,确保数字技术发展带来的社会福利能够人人可及。

二是实现老年人价值,推动可持续发展。正如前文所述,智慧老龄社会是人类社会未来的发展方向,应着眼于代际数字鸿沟的长期治理，以可持续发展为导向建构长效治理机制，从整体上提高治理的质量与效率。在保障老年人基本需求的基本前提下，多渠道提升老年人数字素养，满足老年人自身发展与自我价值实现需求，全面提升老年人数字化社会融合程度，并深度挖掘老龄社会资源价值，将数字鸿沟转化为数字机遇，使更广泛的人群享受到技术文明进步的成果，创造包容、普惠、友好的数字生活新图景。

二、治理体系

为确保能够达成目标追求，使全体老年人能够在享受数字信息技术发展红利的同时，有机会、有资源、有能力参与社会数字化转型，除了需要遵循基本思路，始终坚持以人民为中心的发展思想，贯彻"数字包容"理念，坚持平衡技术效率与社会效益，还应当推动治理体系的建设与完善，为智慧老龄社会治理提供系统、科学的支持。综合前文分析，智慧老龄社会要实现有效治理，应以多元性、包容性、全方位、可持续等重要理念为指导，在治理体系中具体表现为五个基本构成要素：多元共治，全民参与；围绕需求，双线结合；整体智治，创新驱动；整合资源，协同发展；强化保障，完善法治。

（一）多元共治，全民参与

智慧老龄社会治理是一项复杂的社会工程，覆盖各个领域，涉及多个层面，亟须聚合公共部门、私营机构和民间力量来共同开展协调治理，将政府、企业、社区、家庭等纳入治理体系中，在组织层面形成一个"4+N"格局（即政府主导、企业主动、社区服务、家庭支持加上全民参与）。这有助于明确主体角色定位，凸显多元主体联动优势，提升全社会参与度，推动责任共担，实现风险梯次应对[1]。

政府主导。在顶层规划设计的基础上，政府及其他各个部门负责统筹规划，把控治理总体方向，推进适老化环境建设，构建治理政策制度体系。

企业主动。主动挖掘老龄化带来的发展新机遇，为匹配快速扩容的消费需求，积极研发和提供优质、适老、助老的智能产品和服务，在开辟"银发经济"新蓝海的同时，着力打造老龄友好的市场环境。

社区服务。发挥沟通平台优势，促进和实现社会治理主体间的良性互动与平等对话，达到多维度深层联合；加快数字化转型，为老年人提供个性化、专业化服务支持，提升老龄问题的治理效能，推动增强敬老孝亲社会氛围[2]。

家庭支持。充分发挥家庭在社会治理中的基础性作用，结合数字反哺与代际支持，帮助老年人提升数字技能，增强老年人数字融入信心，持续支持老年人适应和融入数字社会。

---

[1] 中国政府网．中共中央　国务院《关于加强新时代老龄工作的意见》[EB/OL]．（2021-11-24）[2022-04-15]．http://www.gov.cn/zhengce/2021-11/24/content_5653181.htm．

[2] 国务院办公厅印发的《关于推进养老服务发展的意见》指出，要"推动居家、社区和机构养老融合发展"。这意味着居家社区机构相协调将成为未来中国最普及的养老形式之一。——作者注

全民参与。积极参与共治，致力于提升老年人数字素养，消除对老年人的误解与歧视，构建老龄友好型社会，强化积极老龄化价值导向。

此外，智慧老龄社会的治理不应忽视老年人自身的主体性作用。老年人不只是服务和帮助的对象，也具有适应参与社会进步和促进社会发展的能力。站在老年人自身的角度，随着受教育程度的提高和互联网应用经验的积累，老年人自尊自立的愿望也在不断提高。越来越多的老年人日益融入数字化时代，积极探索和学习互联网使用技能，主动维护自身合法权益，追求自身价值的实现。

（二）围绕需求，双线结合

老年人的需求是智慧老龄社会治理的基本动力。现阶段老年人的需求仍未被充分重视与激发，老年人依然是数字技术创新与应用的弱势和非主流群体。无论政府还是企业，都没有重视和理解老年群体真正的需求所在。无论是出行、购物，还是娱乐、教育，许多产业依然将年轻人视为主要服务对象，忽视了老年群体潜藏着推动数字经济发展的巨大潜力。

智慧老龄社会治理应当回应社会关切，聚焦老年人日常生活高频事项和服务场景[1]，围绕老年人的重大需求领域，积极谋划，打造线上与线下相结合的治理新模式，推动智能化服务创新与传统服务方式相

---

[1] 从国务院办公厅印发的《关于切实解决老年人运用智能技术困难的实施方案》看，老年人的基本需求聚焦于出行、就医、消费、文娱、办事等高频事项和服务场景。——作者注

配合，线上适老化建设与线下适老化建设相结合，适老数字技术与传统养老措施相整合。考虑到我国老年群体结构有着较大的复杂性和差异性，个体在身体健康状况、经济基础和家庭状况等方面也大不相同，社会治理除了要适应与照顾老年人的独特需求，还要注重个体化差异产生的多样化要求，根据老年人的实际接受能力采取更具针对性的措施。

（三）整体智治，创新驱动

智慧老龄社会治理离不开智能化，换言之，智慧老龄社会治理高度依赖数字和信息技术的创新发展，需要通过广泛运用互联网等现代信息技术，整合分散化的社会资源，推动治理主体之间有效协调，向多层次、个性化、精准化的治理方式发展，实现"整体智治"[1]。

在数字技术快速迭代的背景下，智慧老龄社会发展以技术创新为第一动力[2]。将技术创新领域运用于智慧老龄社会治理能够在满足老年人多样化需求的同时，推动先进生产力持续发展，驱动生产方式、生活方式和治理方式变革，带来巨大的经济效益和社会效益。推动技术创新则需要坚持数字创新发展理念，加大数字技术投入，不断强化数

---

[1] 郁建兴，黄飚. "整体智治"：公共治理创新与信息技术革命互动融合[N]. 光明日报，2020-06-12（11）.

[2] 中共中央、国务院印发的《国家积极应对人口老龄化中长期规划》明确提出，要强化应对人口老龄化的科技创新能力，特别强调要深入实施创新驱动发展战略，把技术创新作为积极应对人口老龄化的第一动力和战略支撑，全面提升国民经济产业体系智能化水平。——作者注

字化思维、数字化技术和数字化能力。

（四）整合资源，协同发展

我国现阶段发展老龄事业所面临的社会主要矛盾是人民日益增长的美好生活需要和不平衡、不充分的发展之间的矛盾。一方面，由于我国幅员辽阔，不同地区经济发展水平程度不一，智慧养老管理体制和运行机制差别较大，地方政府财政支持和社会力量参与程度也存在较大差异。另一方面，信息化建设系统缺位、统一标准缺失，导致信息孤立、信息壁垒问题依然大量存在，尤其是城乡发展存在明显差异，农村实际需求无法被识别和满足，致使所需资源供给的质量、布局与实践需求不相匹配。

对此，智慧老龄社会亟须坚持贯彻协同化，依托互联网、大数据等信息技术，打通横向与垂直信息壁垒，联合各方各地力量共同解决因发展不均衡产生的资源配置结构失调等治理问题。此外，在治理过程中，政府、企业等应实现有序分工和包容合作。政府应加强与社会力量的合作，牵头搭建统一信息平台，构建管理服务机制，促进资源配置的整合与优化。

（五）强化保障，完善法治

智慧老龄社会要实现健康、稳定且可持续发展，必然需要强有力的保障，包括但不限于持续的财政投入、健全的制度建设、完善的人

才储备与高质量的设施供给。其中，相互衔接的政策支持与制度保障是智慧老龄社会行稳致远的重要支撑。

在国家层面政府可把数字包容理念融入战略规划中，有针对性出台相关贯彻落实国家战略的配套政策，对建立健全治理体系提出指导意见，完善相关法律法规，引导各地建立相应的协调推进机制，促进社会资本深度参与智慧老龄社会的治理，规范老龄产业与治理主体行为。

在地方层面，政府可通过制定各种激励措施调动治理积极性，引导社会力量共同参与，如从积极应对人口老龄化和推动技术创新的全局入手，增加财政投入；根据当地人口老龄化和社会发展水平给予资金、宣传、项目投入等不同形式的支持；将免费提供数字信息方面的服务纳入基本公共服务中，加强数字欠发达地区的数字信息基础设施建设；为相关科技创新企业提供信息支持、减免税收、现金补贴、技术支持和购买服务等政策优惠措施，吸引社会资本，整合优质资源，为老年人提供更加多样化的服务内容。

三、行动建议

智慧老龄社会建设是信息化深化和科技创新基础上的老龄社会建设，它不仅是技术创新的过程，更牵涉经济产业的发展、管理体制的建设、法律规范的完善、社会生活的构造等不同层面，需要进行综合治理[1]。当前中国智慧老龄社会发展主要受限于数字基础设施相对薄弱、适老化科技研发创新不足、老龄经济产业生态不成熟、法律制度规范滞后不健全、社会服务支持专业化程度不高及民众数字素养有待提高等因素。为突破这些限制，本章建议从以下五个方面开展治理行动。

（一）推进数字基础设施建设

减少"数字生活"基础设施障碍，加强数字空间可及性。一是切实提高宽带、移动网络等数字基础服务老年群体覆盖率。持续推进行政村基础网络及运营服务深度覆盖，保障城乡信息技术公平，引导各运营商针对老年人的收入水平、网络行为与消费心理等，推出更多老年人用得起、用得好的资费套餐。在保障老年群体数字基础服务的单位流量综合费用低于社会平均水平的基础上，进一步降低服务费用，直至与老年群体的平均收入与消费水平相匹配，避免老年人实际流量费用超其预期。二是加快智能终端普惠老年群体。引导阿里巴巴、华为、小米等智能生态龙头企业对其生态平台、产品进行适老化改造，推动服务老年群体的物联网智能平台建设；鼓励龙头企业将助老电子设备如助听器、呼救器等纳入平台生态，加快老年人常用设备的智能化升级以及与其他智能终端的互联互通。支持有条件的社区、物业、养老院、社会组织等单位与智能设备厂商共建适老化智能终端的服务支撑

---

[1] 任远. 拥抱科技进步，建设智慧老龄社会［N］. 解放日报，2021-09-06（11）.

体系。鼓励设备制造商、服务商等相关企业探索二手智能终端适老化改造再利用，探索面向老年群体的数字设备共享流通服务。三是开展全龄友好基础设施建设提升工程，丰富老年人数字接入途径。加快在医院、养老院、社区等保障老年群体基本生活、老年群体出入较频繁区域的数字服务设备适老化改造升级，统筹部署常用数字服务的适老化接入设备，加强数字设备形式规范，提高公共服务类数字设备使用体验的一致性。

加快数字无障碍化环境，提高数字服务易得性。一是强化政府公共服务在适老化改造中的引领作用，以数字化改革为牵引，全面构建适老化数字政府。在对既有数字化服务产品进行全面适老化改造的基础上，对新增数字服务的设计、开发、推广、使用的全流程进行适老化评估改造，避免数字化服务增加老年人认知负担，打造适老化数字产品标杆。此外，相关单位在服务数字化过程中，应切实保证公共服务机会均等化，增加公共服务数字入口，着力避免以"拼手速""拼网速"等方式分配公共服务资源。二是推动龙头企业履行社会责任。引导和鼓励提供常用生活服务的互联网企业积极开发长者模式和关怀模式。鼓励企业设计适老化智能手机应用，列出适老化改造App名单，对老年人常用的功能或容易出错的功能进行相应调整与改造。三是全力打造无感数字服务环境。切实减少新业态、新模式对终端用户认知负担的过度增加，建立数字服务认知负担评估标准。统筹推进老年人综合数字服务热线平台，通过集成终端设备与主流App，在切实保障老年人的隐私保护与数据安全的前提下，为老年人获取数字服务提供完备的人工服务接口。

引导媒体内容适老化改造，提升数字空间可参与性。一是加快适老化数字文化内容建设。鼓励老年人常看的广播、电视节目与互联网音视频平台合作。在丰富节目播出途径的同时，共同开发适老化数字内容，探索推出"夕阳红"文化专区。二是便捷老年人参与数字内容生产。引导互联网音视频平台在内容生产端等进行适老化改造，丰富符合老年人文化需求及创作特点的数字内容生产工具。在方便老年群体生产数字内容的同时，方便开发符合其审美的数字内容。

加强数字信息与内容管理，提高数字空间安全性。一是不断完善网络安全执法机制、数据安全审查机制、漏洞信息共享利用机制。相关企事业单位严格遵守《网络安全法》《个人信息保护法》等法律法规规定，从严落实数据的存储要求和安全等级保护制度，加强数据保护与管理。二是严控数字空间中针对老年群体的不良内容，相关部门要加大针对数字化违法犯罪行为的监管和打击力度，严厉打击利用适老化数字内容或通过不正当手段获取个人信息对老年群体进行诱导消费与诈骗的行为。

（二）打造全龄友好数字生活环境

提高涉老公共服务及治理效能。积极探索多方参与的多元共治和相互促进的制度，建立由发展改革委员会、卫生健康委员会牵头，各有关部门参加的联席会议机制。在政务服务与公共服务中建立协调推进机制，加强工作协同和信息共享。建立各司其职的跨部门协同监管机制，完善事中事后监管制度，促使智慧养老服务不走偏、不走错。

通过技术服务整合、服务系统搭建、管理服务完善，提升老龄事业的管理和服务水平，实现养老服务资源配置的均衡与优化。

坚持线上服务与线下渠道相结合。秉承线上服务更加突出人性化，线下渠道进一步优化流程的基本原则，全面梳理各类公共服务事项，让线下服务充分发挥便利办、就近办的兜底保障作用。充分考虑老年人习惯，优化流程、简化手续。在身份确认、事项申请、财务支付等线上和线下服务环节，避免单一依靠智能手机端或电脑端操作；为具有一定智能设备使用经验，有意愿尝试运用线上办、自助办服务的老年人，主动安排导引员提供现场说明讲解服务；为确实无法使用智能设备的老年人提供身份证验证、纸质表单填报、现金支付等线下办事服务渠道；为数字技术使用困难，身体行动不便的老年人安排代办员，提供一对一上门服务。企事业单位在提供各类服务的过程中，要严格尊重老年人自主选择权，围绕衣食住行、看病就医、文体旅游、学习教育、家政服务等关键领域，为老年群体切实保留传统形式的服务供给或提供便捷的人工服务通道。要完善电话、网络、现场等多种预约与服务方式，在扫码、自助等智能服务渠道之外，安排人工服务，为老年人平等提供等质量的服务。

提供多样便捷的智能社区服务。在未来社区和数字乡村规划中，针对居家老年人群体，特别是高龄老人、空巢老人、失能老人、留守老人等特殊群体配套建设智能社区服务项目。增建或改造社区便民消费服务中心、老年服务站等硬件基础设施。配套完善水、电、射频等前端数字化感知设备，与老年人家庭信息、健康信息和出行信息共同形成涵盖老年人饮食、居住、交通、健康、文娱、购物等各方面服务需求的数据库与算法池。结合智能感知、定制化服务、远程互动等智慧助老应用，对接社区市场专业服务和公益志愿服务等线下服务资源，为有需要的老年人提供生活用品代购、餐饮外卖、家政预约、代收代缴、挂号取药、上门巡诊、精神慰藉等常见的生活服务项目，满足城乡老年人多样化的生活需求。依托社区公共场所的智能服务设备和常态化的助老志愿服务项目，方便老年人接触、学习、掌握各类助老数字服务应用，让老年人在各类数字生活场景中做到能用、会用、爱用，加快推动老年生活数字化转型。

积极培育塑造法治化数字环境。涉老事务的法治化水平是智慧老龄社会治理能力的重要体现，亟须推动数字社会的法治化建设。一是以《中华人民共和国老年人权益保障法》为主要依据，围绕老年人日常生活需求，加快推动制修订相关地方性法规和部门规章。二是加强对市场交易活动的监管，重视消费者维权，避免出现价格歧视、诱导消费、拒收现金等侵害老年人消费权益的市场行为。对保健品销售、金融理财产品、养老房地产等老年人维权问题高发领域进行严格整肃，保持高压监管态势。联合公安机关，对以老年人为主要对象的新型电信网络诈骗实施专项整治。三是加快建立适老型诉讼服务机制，便利老年人维护自身权益。此外，建议为老年人提供一键报警、账户预警、信息核实等前端服务，通过宣传等方式增强老年群体对恶意商业行为与电信网络诈骗的识别力与抵抗力。

（三）加快数字赋能适老化科技创新

探索建立智慧老龄科学数据实验室。在充分保障老年人数据隐私与安全的前提下，以数字平台及"银龄跨越数字鸿沟"科普行动为基础，联合产学研多方，通过集成物联网终端数据、互联网平台数据、线下服务调研评估数据等，共建老龄科学数据实验室。实现老年人健康数据、就医数据、生活辅助数据等各类关键数据的互通融合，并在获取充分授权的前提下，联合各方开展大数据分析与挖掘，建立老年人心理与行为模型，深入研究不同老年群体的心理需求与行为模式，从而为老年科技产品的研发与标准制定提供理论支撑，为老年人精准推送智慧养老产品和服务。

推进适老化科技研发应用。一是加大适老化科技创新研发投入。加大对高校、科研机构科技基础理论研究的支持，并提供共性技术、关键技术支撑。建议通过设立专项基金促进企业、高校、科研院所共同加强老年科学研究和相关成果转化。二是促进适老科技创新成果转化。建议通过奖励、补贴、退税及优先认定高新技术企业等优惠政策，支持养老机构、社会专业组织和企业等面向老年群体进行数字技术创新应用联合攻关。积极推动以服务老年人为核心的语音识别、图像识别、语音合成、外骨骼等关键技术的研发与应用转化，补偿老年人在身体机能方面的差异，为老年人平等、有效使用智能技术创造新的条件。三是推动老龄产品数字化转型升级。引导互联网、大健康等领域龙头科技企业应用数字技术赋能老年人生命健康、康复照护、日常生活、适老环境等需求领域的老龄科技创新。推动老年人常用生活辅助、健康管理产品在研发、生产、销售、服务全链条上进行数字化升级，加快形成养老产品、服务的数字生态。四是发展健康促进类康复辅助器具。充分发挥技术优势，加快脑科学、人工智能、虚拟现实等新技术在健康促进类康复辅助器具中的集成应用，优化老年辅助设备器具设计，为老年人功能退化缺损提供智能科技辅助和代偿。

保障创新科技适老向善。一是加强人工智能技术伦理规范规制。加快制定人工智能技术伦理规范，将"数字无障碍"作为数字时代基本的技术伦理准则。现阶段重点加强人工智能常用数据集与算法的伦理审查，关注老年群体数据比例与老年群体的标签歧视。二是建立老龄科技产品与服务评估体系。以纳入智慧养老产品和服务公共目录为抓手，加强对老龄科技产品、服务的使用效果与社会影响进行综合评估。通过物联网、区块链、云计算等技术，建立老龄科技产品与服务的监测与评估体系。三是加快推动老龄科技产品行业标准和地方标准制定。结合人工智能、物联网、区块链等新一代信息技术，以信息无障碍国家标准为基础，探索老龄科技产品专用技术规范与标准，率先在技术规范层面解决老年人数字服务需求。

（四）积极培育智慧老龄经济新业态

推动建设老龄友好数字生活服务业。加速服务业适老化数字化转型，推动与老年人相关服务经济质量变革、效率变革和动力变革。一是以老年人的现实所需所求加强全产业链视角的顶层设计。按照数字适老化的要求建立数据规范和标准，推动业务流程全链条数字化，打通上下游企业数据通道，形成生活服务业数字化产业链生态。二是结合各细分行业数字化转型特征，分门别类优化适老化数字化方案。由于生活服务业点多面广，不同细分行业数字化的路径和程度差异较大，因此应紧密结合该领域老年人消费现状，以让老年人能用、会用、敢用、想用为目标，持续推动生活服务业适老化数字化进程。三是尝试使用代金券等多种手段，鼓励老年人选择符合自身实际需要的数字生活服务。在完善相关生活服务业数据基础设施的基础上，灵活运用财政专项补贴。在保障老年人能用、会用的基础上，由老年人自主选择满足其生活所需的数字生活服务项目，财政补贴流向更精准地反映老年人的实际服务需求。

推动养老事业和养老产业协同发展。用改革的办法和创新的思维促进养老产业和养老事业同步健康发展，进一步发挥智慧养老服务平台的作用。一是通过智慧养老服务平台开展养老服务存量资源普查，将适合发展养老服务的闲置资源在资产清产核资后移交养老平台企业运营。二是贯彻落实包括融资贷款、税费减免、财政补贴等在内的各项扶持养老服务业发展的政策措施，推动机构养老、社区养老、居家养老融合式一体化发展，支持有条件的物业公司为居民提供社区居家养老服务[1]。三是激活养老产业市场主体活力，将公益性服务积极引入准市场机制，非公益性养老服务的供给则交由市场来配置。充分利用数字化手段，逐步打破原有市场参与社区居家养老服务面临的融资难、用房难等瓶颈。

---

[1] 熊亮，徐华亮. 推动养老事业和养老产业协同发展[J]. 智慧中国，2021（10）：68-69.

丰富市场适老科技产品和服务供给。一是加强老龄用品研发制造。积极推动康复辅助器具、智能照护机器人、生物工程、新型材料等技术在老龄产业中的研发和集成应用，重点推动老年人数字产品生态建设。二是促进优质产品应用推广。建议制定智慧健康养老产品及服务推广目录，开展智慧健康养老应用试点示范，通过优惠采购、政府补贴、统一布设等多种形式促使各类安全可靠、易于操作的家庭智能设备进入老年人居家养老生活场景。建议建立区域老年用品市场交易平台，支持有条件的地区举办老年用品博览会、展销会。

持续优化老龄经济产业生态体系。构建具有通用性和延展性的老年人智能产品服务生态体系，推动相关产品的持续迭代升级。加快面向适老化、信息无障碍化的基础通用平台开发，大力引进数字化、智能化技术平台，促进养老服务运行方式创新。建立健全智能化适老化服务行业规范及标准，完善行业监管及评估机制，鼓励发展产业集群。统筹高等院校、科研院所和企业等资源，共同构建产学研相结合的完整智能老龄经济产业链，实现自主创新成果产业化、规模化，实现老龄产业的长链条、高标准、数字化、智能化发展。打造一批兼具较强经济实力与管理能力的龙头企业，培育一批产业链长、带动力强、品质优良的养老服务品牌，做强一批精细化、特色化发展的中小微养老服务企业。

（五）支持老年人融入数字社会

引导老年人就近融入智能生活圈。在各类智慧社区设计方案中，充分考虑老年人需求，带动老年宜居社区建设，完善社区软硬件设施。将老年宜居住宅开发、社区公共空间无障碍设施改造纳入未来社区建设评价标准，为老年人创造无障碍居住环境。在社区内的生活服务、文体活动、日间照料、疾病护理与康复等服务设施和网点设置安排专业人员或志愿者岗位，帮助老年人熟悉操作使用相关智能设备。发扬邻里互助的传统，积极组织社区公益组织和志愿者，为有困难的老年人提供关心帮助，提升老年人数字技能水平，及时反馈老年人特殊困难。

支持推动老龄公益事业快速发展。培育各类助老公益服务组织，鼓励引导各类社会公益组织就老年人面临的"数字鸿沟"问题开展专题公益项目策划与实施。鼓励社会公益组织帮助老年人解决运用智能技术的共性问题，并根据年龄段、教育背景、身体状况、生活环境和习惯分类梳理问题，设计差异化的公益服务方案。利用数字化手段加强对助老公益服务的第三方评估和信息公开，让接受政府购买服务和慈善资金资助的助老公益项目获得更广泛的社会监督，促使更专业、更贴心的助老公益服务获得更多的社会资源支持。

利用智能技术赋能数字素养反哺。家庭被视为积极应对人口老龄化的重要力量。家庭成员是老年人学习新知识的主要支持与信息渠道，代际互动有助于老年人克服对新技术的恐惧与焦虑，且容易获得老年人的信赖[1]。数字技术也可赋能家庭养老。例如，在智能设备、智能平台中开发相应服务模块，方便赡养人运用各类智能技术履行对老年人经济上供养、生活上照料和精神上慰藉的义务。依托各类智能技术手段和信息

---

[1] 杜鹏，韩文婷. 互联网与老年生活：挑战与机遇 [J]. 人口研究，2021（3）：3-16.

平台，为有失能、半失能老年人的家庭提各类照料咨询服务，为家庭成员照料老年人提供帮助。为赡养人及亲属提供智能设备操作手册及指导视频，由家庭成员帮助操作智能设备有困难的老年人提供就近指导。引导赡养人对老年人使用智能设备的情况进行必要了解，及时防止不法分子利用智能设备或互联网活动侵害老年人人身和财产权利。在尊重老年人对个人财产享有占有、使用、收益和处分权利的前提下，利用智能技术手段对老年人房屋、存款等财产的异常变动进行预警，与家庭成员共同构筑防范各类诈骗的防火墙。

多措并举提高老年人群数字素养。支持老年人融入数字社会，除了加强家庭与社会数字反哺，还应当多措并举，提升老年人信息技能和数字素养。一是重视教育作用，开展数字素养培训。建议由政府与企业机构开展合作，设计开发针对老年人的不同类型的数字技能培训项目课程。课程形式可根据老年人个人需求与实际情况采用线下面授、线上培训、外展培训（针对陪护人员及各类失能老年人）等。鼓励高校开放部分信息技术类课程，允许老年人作为旁听生与在校学生一起修读专业课程，还可通过线上课程加强与老年学习者互动等，帮助巩固学习成果。二是推出各种激励举措，提升老年人学习积极性。政策引导培训机构减免培训费用，或针对老年人推出免费课程，加强数字技能培训的公益性。鼓励老年学习者之间相互帮助，进一步促进老年人数字共融，实现老有所学、老有所为[1]。

---

[1] 刘述. 积极老龄化视角下我国香港老年人数字融入路径研究[J]. 中国远程教育，2021（3）：67-75.

四、小结

加快数字化发展，建设数字中国的发展目标对我国应对人口老龄化问题提出了新的要求。现阶段，我国社会老龄化与数字化并行发展，治理的核心矛盾在于现行经济、社会、政治和文化体系同老龄化和老龄社会不相适应，老年人适应数字生活的能力与互联网应用深入老年人日常生活的速度仍存在一定的差距[1]。

在此背景下，智慧老龄社会的治理须秉持以人为本为核心，贯彻数字包容理念，坚持技术效率与社会效益相结合，沿着"治理体系-治理行动"的基本路径，构建一个多元共治、全民参与的治理体系。围绕老年人真实需求，结合线上线下渠道，通过资源整合与工作协同提升治理效能，完善法规制度，强化对老年人权益的保障，从基础设施建设、生活环境、科技创新、经济发展、个体融入五个方面开展治理，逐步缩小数字鸿沟，最大限度惠及全体人民，最终实现公平发展。

---

[1] 梁春晓. 代际数字鸿沟，在老龄化与数字化"共振"中扩大 [EB/OL].（2021-03-02）[2022-04-15]. https://cn.chinadaily.com.cn/a/202103/02/WS603e15b4a3101e7ce9741cc3.html.